グローバリゼーションと発展途上国

インド、経済発展のゆくえ

スナンダ・セン 著
加藤眞理子 訳

GLOBALISATION AND DEVELOPMENT

SUNANDA SEN

SHINSENSHA

ラジャスリーを
偲んで

グローバリゼーションと発展途上国　インド、経済発展のゆくえ

目次

CONTENTS

ブックデザイン——堀渕伸治◎tee graphics
本文組版——tee graphics

グローバリゼーションと発展途上国

インド、経済発展のゆくえ

はじめに

急速な経済成長を遂げているインドや中国のような国々への注目が高まるとともに、グローバリゼーションに対する議論が深まりつつある。しかし、繁栄と富がごく一部の人々によって独占される一方で、多くの人々の生存が脅かされ、飢餓にさらされることとなり、グローバリゼーションに対する議論は、貧困の増大という問題に同時に直面しつつある。仮に十分な経済成長が達成されたとしても、多くの国の大多数の人が、経済成長の恩恵を感じることなしに、貧困と不平等が拡大し続けるのが実情である。このように考えると、世界経済における低成長と不均等な経済発展を解決することのできる万能薬など存在しないことが、簡単に証明できるのである。

グローバリゼーションが進行するにつれて、グローバリゼーションの負の側面が顕在化しつつある。もっとも、グローバリゼーションがさらに進展すれば、一国内だけではなく、多くの国々で、だれもがグローバル化の恩恵にあずかれるであろう、と考える楽観論もある。しかし、人間は、自らの所属する集団によって異なる経験をする存在であることを考えると、グローバリゼーションによって、だれもが一律に恩恵にあずかれるなどということは、明らかにありえないことである。グローバリゼーションの成功例となっているものの多くは、アジア地域の高成長によるものであるが、アジア地域の現状は不完全であり、また不公平なものである。

アジア地域では、ある特定の経済部門のみにおいて急速な経済成長を達成しようとする動きがある。しかし、こうした動きは、かえって経済成長が他の経済部門に浸透していくのを阻害するために、経済の停滞を引き起こすに過ぎない。その代表例として、経済の急速な成長に沸くインドの農業部門があげられる。つまり、インドにおけるＩＴ産業の成長のように、急速な経済成長過程において、経済成長が意味するものは、好況にある地域の、ほんの一部の人々が成功をおさめることとなりつつある。同様に、インドの金融部門では、金融資産を有する投資家と金融の専門家とが、非課税のキャピタル・ゲインと投資に応じた株式配当を得る、いわば新種の不労所得者として利益を得るという構図ができあがっている。さらに、市場の規制緩和によって不動産市場では投機が起こり、利益をあげる手段としての不動産の魅力が増しつつある。

インドは、国内生産だけでほぼ二桁の経済成長を達成しているが、待望の生活様式を享受しているのは国民の約一割に過ぎず、グローバル化にともなうインドの好景気の当事者となっているのは、特定の事業や経済部門のみなのである。

経済発展途上にある国々において、特定の部門の成長を追求すると、不可避的に多くの人々の不平等がなおざりにされ、多くの人々が経済成長から取り残され、貧困が放置される。しかし、経済発展の達成度とは、社会階層やジェンダーをはじめとしたさまざまな側面から、食物、住居、健康などの生活手段について公正な分配がはかられているかどうか、といった点によって測られるべきものである。こうした観点からみれば、特定部門のみを重視するような経済発展を続けるならば、貧困と搾取の双方が引き続いていくであろう。

こうした議論をふまえると、問題は、経済発展なきグローバリゼーションとでも言うべき、経済的、政治的な正当性を有さない経済発展過程にある。

本書は、グローバリゼーションを制御するための施策を提示し、グローバリゼーションを制御するための余地を見出そうとするものである。経済発展を達成するための過程では、何が国民にとって許容できるのか、さまざまな意見があろう。こうした意見に傾聴する姿勢を示すことができなければ、民主主義の国家において政治は意味をなさない。つまり、本書の目的は、グローバリゼーションのみが経済発展を可能にするという神話に対して異議を唱えることにある。

私の旧友であり、インドのナショナル・ブック・トラストのポピュラー・ソーシャル・サイエンス・シリーズよりグローバリゼーションについての著書を発表しているビパン・チャンドラからの薦めなしには、本書を刊行することはできなかった。二年間の、彼のたゆまぬ熱意のみならず、彼から受けた着想によって、本書は完成をみた。現在そして未来において、グローバリゼーションというベールの奥に何が潜み、かつ、グローバリゼーションを制御していく上で何が必要かを考えるために、本書が一助となれば幸いである。

スナンダ・セン

—1—

グローバリゼーションの新視点

本書の議論をはじめるにあたって、グローバリゼーションに関する文献について若干の補足をしなければならない。まず、グローバリゼーションのもつ本質的な意味について明確にする必要があり、とりわけ、民衆志向型の経済発展について言及する必要があるからである。この点を重視するために、本書は通常のグローバリゼーションに関する文献とは意見を異にしている。

市場の成長は国民国家の障壁を破壊し、世界を統合する。国家間で行われる貿易、金融、技術、知識、文化、さらには人々の流れすら、市場によって、国家という壁が取り払われていく。こうした動きと密接に連関している現象が、グローバリゼーションである。平等主義的な観点にもとづくならば、世界全体の利益は、世界のすべての国々、そしてすべての人々に等しく行きわたるべきものである。

グローバリゼーションが世界のほぼ全域に広まる推進力となったのは、技術発展であり、とくに情報通信部門の成長によるものであった。グローバリゼーションに直面する国民国家が、グローバリゼーションによる効果を最大限に得るためには規制を最低限にするべきだ、と通常は主張されている。

右のような考え方が、理論面においても、政策面においても、現在の主流となっている。

すなわち、グローバリゼーション下では、市場を自由化することによって効率性が高められるため成長が促され、さらに経済が成長することで、あの高名なトリクルダウン＊をもたらす経路が形成されることを通じて経済発展がやがて達成される、と考えられている。しかし、われわれの研究アプローチによれば、こうしたグローバリゼーションに対する主流派の認識は謬見として退けられるべきものである。なおかつ、われわれは、経済発展のための唯一の解決策が、グローバリゼーションであるとは認識していない。

　主流となっている議論では、グローバリゼーションの成功の可否を評価するものは、最終生産物の成長の多寡のみであるが、そうしたアプローチでは不十分であると本書は考える。経済発展を評価するために不可欠な要素は、生産物の分配、生活の質、生活の質の水準の変化などという点だからである。

　本書は、経済発展を重視する立場にもとづき、グローバリゼーションの現在の局面がもたらす影響を検討する。その理解のために重要であり、また留意すべき点は、以下の八点

＊trickle down　「じょじょに流れ滴り落ちる」の意。「おこぼれ」と訳されることもある。より成長力の強い部門が経済成長を達成することによって、やがて成長力の弱い部門や貧困層にも経済成長の恩恵が浸透していく、という経済学上の主張。

である。

第一に、今日起きているグローバリゼーションは、過去に経験したグローバリゼーションの過程とはまったくかけ離れたものである。グローバリゼーションは社会、経済、制度、国際関係を本質的に変化させ、エリート、「そこそこ裕福な」の中産階級、最下層、という三階層化をもたらした。このような階層化は世界の全域で生じている。また、国民国家の主権も同様に変化しており、国家の役割と支配力は再編成され、新たな形をとりつつある。グローバルな統合過程は、世界中のさまざまな地域を結びつけるために、征服、奴隷、年季奉公、移住、植民地、通信、貿易、資本移動の世紀の再来を引き起こし、歴史を退行させるおそれがあることは否定できない。

一方で、現在、世界で起きているグローバリゼーションは過去のものと比べてはるかに支配的である上に、大多数の人々の福祉や生存を脅かすことによって、不平等感、不満足感、懸念、反発といったものを生み出しており、歴史上、「新たな」パターンが発現している、と捉え直すことも可能である。過去における統治や植民地支配期においては、民衆の不満が表面化することは少なかったが、現在では民衆からの反発を無視することはできない、という点が過去とは異なっている。

第二に、今日のグローバリゼーションの特徴は、アメリカが代表例であるが、単一もしくはごく少数の国々が、事実上の全世界の覇権を掌握しようとする地政学の実践の場となっている点にある。帝国主義時代においては、公式な議論と取り決めのもと植民地統治がなされていたが、現在では非公式な監視と統制が影響力のある国家の連合勢力によって行われ、植民地支配が遂行されているように見受けられる。この場合、国際連合（UN）や国際通貨基金（IMF）や世界貿易機構（WTO）といった国際機関を媒介として、二国間もしくは多国間による政府間交渉により、統治方法が決定される。しかし、こうした国際機関もまた、影響力を有する国家の連合勢力によって支配されており、有力各国はさまざまなルートを用い、巧妙かつ穏当にグローバルなマーケットを全体的に強化するための戦略をとっている。

第三に、近年のグローバリゼーションは、多くの国々が市場主導型の政策を急速に推し進めたことと連動している。グローバリゼーションの主流派は、今日、「人間の顔をした経済成長」を達成するためには市場の限界性があることを認識しながらも、そうした問題に対する修正を加えなかったばかりか看過してしまったのだ。主流派にとっては、非効率性をもたらすような国家政策はもっとも忌み嫌うべきものであったためである。したがって、多くの国で国民の大多数が市場から無視されることとなり、そうした人々が相応な生活水準を達成し、あるいは、最低限の生存水準を実現するための可能性や、人々の生活と生存にかかわるニーズなどあらゆることが、市場から顧みられることはなかった。そうした大多数の人々は購買力をあまりもたないために、市場へのアクセスは非常に限られたものとなっている。こうした問題は、現在のグローバリゼーションにおいて市場中心主義がもたらす利点に対し、改めて疑問を投げかけている。

第四に、情報通信技術の世界的な普及にともなって、技術革新の速度が加速し、さらにこの数十年間において世界的に技術の伝播がもたらされた。その結果、現在のグローバリゼーションにおいては、技術革新へのアクセスや利用を、国家および公共の利益によって管理していた旧弊なシステムから脱却しようとする新たな動向が生まれつつある。また、市場主義はそのような新たな動きを後押ししている。かつては、イギリス統治時の植民地期インドにおける鉄道や電報などの例に見られるように、植民地の利益を守るために、技術流出は厳しく管理されていた。

しかし、現在では技術によって、新たな通信手段がもたらされた結果、コスト削減のための生産拠点の再配置やアウトソーシング*が可能になった。前者の例としては、繊維産業などの安価な労働の搾取工場があり、後者の例としては、世界のあらゆるタイムゾーンに対応し、安価なサービスを提供するために夜通しの労働を強いるコールセンターを挙げることができるようになった。さらに電子送金とeコマースの導入によって世界的なビジネスチャンスが拡大し、金融活動や貿易活動がさかんになった。金融市場のリスクをカバーし不確実性をヘッジ[**]する新たな金融技術が到来したことを、市場はとりわけ歓迎した。

現在では、工業技術だけでなく、バイオテクノロジーのような分野でさえ、国際化された研修や技術革新の研究を体験することができるようになり、また、そうした研修や技術革新に触れることが可能になっている。しかし、技術革新とその普及に対する、市場の影響力が強まっていくと、技術を得ることができる人々は、ほとんどの場合において、技術の購買力をもつ者だけになってしまうのが実情である。つまり、技術の発展は、もつものともたざるものの格差を拡大させていく。そして、格差の拡大につれて、経済成長と経済発展の乖離という現象が起きてしまうのだ。

＊業務の外注。本書では主にコールセンターやＩＴなどの業務を海外の安価な国に外注することについて多く言及している。

＊＊金融市場にまつわるリスクを回避あるいは埋め合わせることをカバーといい、損失が生じないよう保険的な行動をとることをヘッジという。

第五に、今日の技術の多くは労働に対する配慮を欠いている。工業部門が採用する新技術の多くは労働節約型であるために、技術の導入によって良い条件の雇用は創出されなくなってしまう。インドのような発展途上国では、こうした問題がとくに深刻になっている。さらに、労働の流動化が開始されることによって、その傾向はますます強まっている。実際問題として、インドの労働生産性は急激に上昇したが、その要因は賃金の上昇によるものでもなければ、雇用の改善によるものでもなかったのである。

第六に、グローバリゼーションは、モノとサービスだけでなく、自由で急速な国際金融の流れも市場に統合し、市場に巻き込んでしまう。短期金融資産に対する取引が規制されていたかつての時期と比べると、現在、高い収益を見込んだ投機的な短期の金融資産額は、はるかに大きな規模となっている。蓄積される金融資産のほとんどは短期金融資産であり、その額は、実物経済部門における物的資産と比較するときわめて大きなものとなっている。このような傾向は、先進国であれ発展途上にある国家であれ、共通のものとなっており、国内と同様、世界規模において金融の巨大化が起きている。こうした金融拡大のプロセスは、国家・政府公認の金融優遇政策によってさらに強化される。しかし、金融が肥大化する一方で、工業や雇用に対する配慮は先送りされ続けているのだ。

第七に、主要決済通貨がいまだにアメリカドルであるため、アメリカドルが世界経済において金融的な優位性を依然として保ち続けているという問題がある。グローバル市場において、モノ、サービス、金融資産の取引では、いまだにドル決済が主流である。したがって、第二次世界大戦の終結以来、世界中からのアメリカドルに対する巨大な需要は膨張を続けたままである。こうした強力なアメリカドルを背景として、アメリカは金融部門における覇権を地政学的にも掌握することとなったのだ。金融資産のみならず、貿易のインボイス*もアメリカドルによって決済されるために、ドル通貨の安定性は、ドルを前提とした取引を行う上で非常に重要である。このような非公式な特権的通貨の発行益をアメリカは有しているために、多額の貿易赤字を出してもなお、ドルの為替レートに影響が出ることはない。覇権国家アメリカは、政府間レベルの政治的な優越関係だけではなく、ドルによって、地政学的に強固な優越性を築いているのである。

第八に、今日のグローバリゼーション下において拡大する不平等は、国際問題でもあり国内問題でもある。この問題は、いわゆる調和と繁栄のためにグローバリゼーションを推

*国際間における取引の請求。

進してきた人々にとってはまったくのアンチテーゼとなっている。現在のグローバリゼーションは超富裕層のみならず、中間層にも新たな機会を与えた。しかし一方で、経済先進地域、経済後進地域を問わず、人口の多くを占める貧困層やさほど貧困ではない層は、いまだにそのような機会から阻害されたままである。社会の一部が豊かになるということは、人々の間の社会的、経済的な格差が広がるということである。先進国、途上国を問わず、市場の覇者とでもいうべきグローバル主義者は、そうした一連の問題とは無縁ではいられないはずなのだ。

現在のグローバリゼーションによって引き起こされる影響を冷静に判断するためには、グローバリゼーションを正当化するための理論にもとづく議論が、はたして妥当なのかどうかを検討する必要がある。ネオ・リベラル経済学*では、理論上、市場の自由化によって生産と消費が最大化され、いっそうの効率化がはかられる。したがって、経済成長を生み出すためには市場の規制緩和による効率化が必要である、とネオ・リベラル経済学は主張している。そのほかにも合理主義者たちは、経済学分野において名高いパレート最適理論**にその論拠を求める。また政治学分野においても、合理性に原則が求められる。この種の議論の前提のもとでは、利己主義的な行動を起こすことで、すべての人々が相互的な利益を達成することが可能になる。

このような議論にしたがい、完全競争市場ではリベラリズムの方法論的な個人主義原則***に、合理性の論拠を求めている。社会における個人の行動原則にしたがえば、個人すべてに等しく市場への参画能力を賦与することによって、対立のない社会が実現されるというのがリベラリズムの主張である。こうした主張のなかでも、合理主義的行動によって、個人レベルにおいても社会全体においても、福祉の最大化が達成されるとする、経済学における社会選択理論は非常に有名である。しかし、こうした理論が、人間のための経済的な繁栄を達成する、あるいは人間の政治的な自由への道筋をつけるべきであると主張しながらも、実際の市場主導型の政策によって得られた効果は、過去においても現在においても、決して整合性のないものであった。

過去において先進国は、自由貿易という名のもとに植民地国家を強制的に支配し、植民地市場を管理する一方で、自国市場では保護貿易を行い、工業先進国としての現在の成功

＊新自由主義ともいうが、本書では市場万能主義者に対してこの用語が充てられている。
＊＊経済学上では、資源配分を行う際にだれかの効用を上げることなくしては他方の効用も上げられない状態。つまり、経済活動に従事している人々にとってこれ以上の効率性は望めないとする状態。
＊＊＊個人はそれぞれの選好にもとづいて、個人の利益を最大化するために行動する、という前提。

を手に入れた。一部の歴史家によって、「自由貿易帝国主義」と呼ばれるこの戦略は、世界の先進地域の強力で豊かな国々がその影響力を行使し、さらにグローバル市場を利用することによって、今でも過去の影響力は脈々と続いている。そういった経緯を考えると、政府間レベルに加えて、多国間の交渉レベルにおいて、貿易、資本移動、技術、移民、防衛、環境、さらに人間の権利においてさえ、明らかに発展途上国は従属的な立場にあるといえる。

世界中の先進地域、発展途上地域を問わず、貧困や所得不平等の拡大に加えて、個人間の不平等が重要な問題であることは言うまでもない。多くの発展途上国で貧困層は生存の危機に瀕している。その一方で、経済成長の恩恵は高所得集団に集中してしまう。つまり、グローバリゼーションによって、経済発展なき経済成長への道筋がつけられてしまいかねない状況にあるのだ。最底辺に追いやられた人々は、グローバリゼーション下において生じた社会的不平等と困窮とに対峙していかなくてはならない。したがって、主流派の経済学や保守主義的な政治家が主張するような学説を、グローバリゼーションによって実現することは不可能であるということを証明することが可能なのである。

本書は、民衆を重視した経済発展の実現をとくに重視し、現在進行中のグローバル化の限界と、その失敗とを検討し、議論を深めるためにある。今日のグローバリゼーションの類型を見きわめるためには、詳細な分析が必要であるが、グローバリゼーションには、つぎのような本質的な問題が内包されている。すなわち、外観上はそれぞれ独立した国民国家という形態を保ちながらも、事実上は、新・植民地主義ともいうべき状態になっており、新・植民地に相当する国々が成長する中で、多国間におよぶ市場は民間部門による支配を受け、技術進歩はそういった国々にとって退行的な影響を及ぼし、国内では人々の間で階層の分断化が起き、その深刻化が進んでいる。

なお、本書は、経済発展を達成しうるグローバリゼーションの実現について、より現実的な方向性を示すものである。経済発展とは、公正性と社会正義を兼ね備えた経済成長のことであり、また、すべての人々に十分な環境を保証するような、より良い世界の実現のために、一般の人々の要求や感覚に合わせていこうとすることである。しかし、そうした経済発展を実現するための過程についての議論は著しくおくれている。次章以降では、経済発展のための諸問題について論考を加え、5、6章では、その克服に向けての可能性を検討する。

2

変化する国際秩序

——グローバリゼーション下の覇権のゆくえ

アジア、アフリカ、ラテンアメリカにおける植民地支配は、第二次世界大戦が終結してのちの一〇年間のうちに終わりを告げた。しかし、その後一九八〇年代までに、アメリカと主要工業国による世界の支配体制がほぼ確立してしまった。さらに、発展途上地域を事実上包囲したのも、この勢力であった。

グローバリゼーションの時代を迎えると、支配側にある富裕な国々は、これまでの権力に飽きたらず、グローバル市場を利用することによって、国際的な支配力と影響力をさらに高めようとしている。グローバル市場は、こうした豊かな国から出現した巨大な多国籍企業によって統制されているために、工業先進国は支配力と統制力を生み出す源泉を二重の意味で有しているといえる。つまり、発展途上過程にあり、それほど力のない国家に対して、先進工業国は、政府間交渉と商業取引を二重に利用することによって影響力を強めることができる。国連をはじめとした政府間協議機関における意思決定も、こうした不平等な力関係によって形成されている。国連という傘のもとにあるIMFや世界銀行、WTOなどの国際機関を支配している主体は、発言力をもつ先進諸国である。さらに、先進諸国はその他の政府間ルートを通じ、規制と管理の決定にかかわっている（国際決済銀行など）。IMFやWTOのような政府間機関は、二国間政府交渉をつなぐパイプのように機能するべきものだが、実際の交渉の席においては、発展途上国の立場は恵まれたものではない。

　グローバリゼーションの現局面においては、覇権国家とグローバル市場が存在することによって権力が発現する。その権力の本質は、大枠で植民地時代以前の侵略を再現し、植民地支配を復活させようとするものであるが、その手口は過去と比べてはるかに複雑化している。外国による統治が行われていた大戦の前との大きな相違は、途上国の国内で国家とエリートと大衆とが深くかかわりあい、さらに途上国国家同士が結びつきを強めている点である。

　途上国のローカル・エリートが政治的な権力を高める一方で、権力をもつ海外の覇権国家と途上国との間には協調関係が構築されていったが、こうした動きにも、比較的新しい傾向といえる動きが生まれている。覇権国家の権力構造のダイナミクスを理解するためには、こうした点に言及する必要があろう。つまり、途上国における権力関係においては、内的な権力と外的な権力との親和をはかる必要があるために、国家主権という概念があやふやになってしまうことがある。

　かつては国内市場は保護されており、国内のローカル財界が独占的な主導権を保持していたため、財界の意向によって市場の自由化はタブー視されていた。一方で、財界とは異なり、政策立案側にとってみれば、市場の自由化は経済成長と工業化の障害になるとは考えていなかった。そこで国内の利害を調整するために、インドのような国々は、部分的な実験を段階的に重ねることで、中央政府の主導による工業化計画の道筋が開かれるようになった。しかし、国内経済における市場機能の重要性が増すようになると、貧困層への分配面に重大な影響が生じてしまった。植民地支配を経験した社会では、社会における権力・支配構造と受容されている社会規範によって政策が決定され、実現されるものである。本書のグローバリゼーション研究は、経済発展を重視する立場に立脚しているため、こうした地域における権力・支配構造、さらに社会規範の変化にことさら留意したい。

二〇世紀以前のグローバリゼーション

豊かな工業地域国家と、その外辺部にある国家との間には、どのように相互関係が構築されていったのであろうか。その変遷について歴史的に掘り下げると、海洋貿易の増加期に注目することになる。この時期はグローバル統合の初期にあたり、侵略、植民地化、奴隷貿易、年季労働者の輸送が盛んに行われた時代であった。

一四世紀から一六世紀にかけて、重商主義の拡大によって、国家による保護を受けたヨーロッパの商人たちが、日用品や強制的労働力を海路によって輸送するようになっていた。彼らに与えられた特権的待遇は、しばしば当時の憲章に見出すことができる。このような憲章は、特定国家の特定企業に独占的な権利を付与するものであった。一八世紀のインドで東インド会社が活動を行うためにイギリスが発行した憲章や、一六、一七世紀のインドネシアおよび西インド諸島でオランダの東インド会社が活動するためにオランダが発行した憲章などがその好例である。

やがて重商主義の貿易商人たちは、貿易を推進するために商売以外のことに手を広げるようになっていき、国家の代理として植民地支配の基礎固めをすることになった。一八五八年、東インド会社法からインド統治法への変更を行うことによって、イギリスは帝国内の植民地としてインドに対する正式な統治権を得たのである。のちに、統制上の問題に加えて、工業、貿易、為替政策を含めた金融政策などを管理する必要が生じ、インドの国内問題に幅広く対応するために宗主国イギリスは、インドの外からの管理・統制を行うようになった。宗主国であるイギリスは、戦間期においても、一九三二年にオタワ協定を結ぶことによって、インドという海外市場を支配し続けた。このオタワ協定は、インドと他のすべてのイギリス連邦内の製品を特恵的に守るための法律であったが、その真の狙いはイギリスの繊維製品を非課税でインドに輸出することにあった。

イギリスは、植民地インドの金融部門も支配していた。インド国内の金の流通は禁止され、インドからの輸出によって得られた利益はスターリング・ポンド建てにされた上で、イギリスがインドを統治するために必要とする費用としてイギリスに支払われていた。法制化された「本国経費」のことである。この帝国主義的なシステムはきわめてよくできたもので、インドからは利潤が搾取され、さらにその利潤は世界の金融センターであったロンドンのシティに送られることで、ポンド建ての完璧な金融資産となっていた。一九世紀にイギリスは、アルゼンチンをはじめとした海外諸国の鉄道事業へ投資を行ったが、その原資はこのような金融資産によって賄われたものであった。

インドは、輸出でかなりの額のスターリング・ポンドを稼ぎ出していたが、イギリスは植民地インドから多額の利潤を盗み取っていた。こうした例はほかにもある。ルピー銀貨の為替レートは、イギリスの支配者によって過大に評価され続け、この過大評価されたルピーとポンドの交換比率は「本国経費」を安定的に徴収するために役立っていた。さらに、ポンド建ての価格の物品がインドにおいてルピー価格に換算されることで、より多く売れることとなるために、インドに輸出を行うヨーロッパ商人、とくにイギリス人にとっては、非常に好都合であった。こうした政策は、植民地時代のインドでずっと行われていた。植民地主義のもとで展開されていた当時のグローバリゼーション時代の覇権国家はイギリスであり、イギリスとの関係性において、インドは明らかに属国であったといえよう。

脱植民地化と国民国家の勃興

一九四五年、第二次世界大戦の終結とともに、インドは外国支配からの独立をはたし、ほかにも多くの途上国が独立したことで、強力な国家による、公的あるいは正式な監視・支配体制は綻びはじめた。そうした変化が起きたのは、新たに独立をはたした国々が、人々の念願であった自由への闘争において、民族主義的な行動計画を早期に実施したためである。この行動計画の主張は、外国支配を終結させるだけでなく、経済的な主権の確立と大衆の経済・社会的立場を改善するために、経済活動に対する国家の統制を終結させようとするものであった。

植民地期には、グローバルに活動するための公的な経路は、覇権国家によってすべて独占されていた。しかし、植民地国家の独立によって、世界は重大な変化に直面することになった。ここで、新たに独立した国々と世界各国との直接対話が開始されたのである。その一方で、新たに独立をはたした国家では、暗黙の社会契約関係が国内に構築されていった。暗黙の社会契約関係とは、社会的規範や伝統にもとづくものである。しかし、そもそも社会規範や伝統というものは、国内の多元的な、かつ異なる社会集団間の相互承認を受けることによって成り立つものである。議会制民主主義を標榜するインドのような国々においては、そのような暗黙の社会契約関係において、大衆に受容されるような合意形成を実現することが、仮にそれが達成されなかったとしても、政治的にきわめて重要なことであった。

経済ナショナリズムの復活：発展途上国における工業化

一九六〇年代に七七の発展途上国が南北問題の解決のために、新国際経済秩序（ＮＩＥＯ）への変革を求めたことで、第三世界はその重要性を国際的に再認識されることとなった。ラテンアメリカ出身の名高い経済学者であるラウル・プレビッシュと国際連合の経済学者ハンス・シンガーは、いわゆるプレビッシュ・シンガー命題を提示した。プレビッシュ・シンガー命題とは、先進諸国に対する発展途上国の交易条件が構造的に悪化傾向をたどるという主張である。このプレビッシュ・シンガー命題が提示されて以降、第三世界発の工業開発戦略についての議論がさかんに進められるようになった。これと同時に、ラテンアメリカからは、北部（経済発展地域）と南部（発展途上地域）の間における貿易および投資の不等価交換論を展開する従属学派が台頭した。

当時のラテンアメリカでは、一九六〇年代から七〇年代にかけて輸入代替政策によって工業化を推進しようとする動きがさかんになっていた。加えて、一九八〇年代の東アジアにおける国家主導の工業化が後押しとなり、国家主導による経済政策によって発展途上国が成長し、経済的自立が達成できる、という主張が強まっていた。発展途上国においては市場を自由化することこそが経済成長の万能薬であるという主流派の主張と、こうした発展途上国の実際の経験とはまったく反するものであった。政治面においても、第三世界の連帯は比較的強く、一九六一年には、第一回非同盟諸国首脳会議が開催され、インドは主導的な役割をはたした。

しかし、独立後のインドでは、国内市場で手厚い保護を受けていた巨大資本の利害が最優先され、中間層や貧困層の生活水準を改善するという重要な課題はしばしば無視されていた。政策の立案は、国内の大ブルジョワたちと階層的利害を同一にするエリート層によって行われた。やがてインドの工業化は、鉄工業やセメント産業などを基幹産業とする公的部門を中心として、限定的な規模で開始された。一九七〇年代の終盤にさしかかると、インドの工業化はようやく立ち上がり、準工業化国として、国内市場の需要を賄うだけのさまざまな財の生産を行うことが可能になった。しかし、巨大な国内資本によって支配されていた生産部門は、国内市場の保護政策を背景として、特権的な独占状態を工業発展の過程において享受し続けていた。

インド：限定的工業化と失われた経済発展という問題

インドのように新たに独立した国々では、経済成長と限定的な工業化は目覚ましいものであった。しかし、そのような経済成長と工業化は、大多数の民衆にとって経済発展への動きをもたらすものではなかった。国内の購買力と雇用は十分ではなく、大規模生産による規模の経済性*は生じなかったのである。一方でインドは、当時の開発目標であった社会主義型社会の建設に失敗した。

しかしながら、生産に必要な原料産地を国内に有し、多くの財の国内生産を行うことが可能であったインドやタンザニアのような国々では、経済の自立性はある程度達成されていたとはいえる。各国の植民地時代からの歩みを考えれば、こうした国々が経済的自立性を確保できるようになるなど、並大抵の進歩ではなかったといえる。新規の独立国家は、経済ナショナリズムと国家主権を行使することによって、経済資源の自国保有の正当性を主張できるようになったのである。公的部門が主導して、鉄鋼、セメント、製薬などの基礎的工業分野の振興をはかることによって、「混合経済」体制**の実施環境が公式に整備された。なお、この「混合経済」体制には、限られた国家計画で最大限の開発目標を達成し、その効果を全インドに波及させる狙いがあった。

初期のインドは、自律的な社会主義的経済の確立を目指すネルー主義***を反映し、民族主義的な工業化の達成を目指していた。一九四七年に独立を達成して以来、インド政府はソ

*同じ製品をつくればつくるほど製造コストの単価が下がるので、製品の利益率が上昇すること。

**議会制民主主義のもとで社会主義型社会の建設を目指すための国家主導型の経済開発体制。公企業を中心として基幹産業を振興することで、公共部門と民間部門の両部門の成長をはかろうとした。さらに、民間部門による経済活動への参入はライセンス制によって制限された。

***Nehruvian vision　インド初代大統領ジャワハルラル・ネルーによる政治理念。議会制民主主義のもとで社会主義型社会を実現し、社会正義・公正を実現させようとした。

ヴィエトの閉鎖経済モデルにならった経済戦略をとり、重工業化政策を推進し、金融部門（銀行分野および保険分野）を国有化し、公的部門を肥大化させ、独占権、貿易、工業、外国資本に対する管理を強化した。やがて、第二次五カ年計画（一九五六－六一年）では、理論的根拠を背景として、いまだに国内外でその有効性についての議論の絶えない輸入代替工業化戦略が開始されることとなる。

輸入代替工業化政策は、鉄鋼やセメントのように、ニーズの高かった基幹産業においては、一定の成功を収めた。しかし、インド経済を高い成長軌道へと離陸させることはできなかった。インドでは、国内で生産される財に対する国内用途（購買力の不足による）と、国外用途（輸出のため）の双方の需要が不足していた。さらに、インドの工業生産は、これまでにも述べたように、特定の企業集団に偏重したままであったため、規模の経済性や他業者との競争による生産コストの低減は望めなかった。産出されるべき生産財は購買力の有無によって決定される。しかし、その一方で所得や雇用の公正な配分の達成に関して配慮がなされることはほとんどなかった。

こうした理由によって、インドをはじめとした発展途上諸国では、限定的な工業化と経済成長が経済全体を成長させ、結果的にすべての人々の生活の改善がもたらされる「トリクルダウン」を達成することはできなかった。インドでは、「貧困の撲滅」といった政策スローガンを達成し、社会主義的国家を建設するという目標は、いつの間にか手の届かない夢物語のようなものとなってしまった。

社会的な側面に注目すると、経済政策の施行によって、国内における地方の対立や社会集団の対立関係に一定の緩和がみられたことは確かであったが、公共的な政策目標の実現という面からは、こうした政策はやや不十分であったと言わざるをえない。そもそも、新たな政策目標の方向性は、独立以降の国家的な政策目標との整合性をはかるべくして、工業化と社会的な結束を目指して設定されていたはずであった。

独立直後の二〇年の間にインドは大きな飛躍を遂げ、経済・社会政策の自律性を手中におさめることに成功した。しかしながら、対外政策では、国家主権の行使にかかわる複雑な問題が浮上していた。政府間組織から融資を受けるということは、実際問題として、融資される側の国が、融資を行う側の国からの物品の購入を義務づけられるという「ひも付き融資」を受けることと直結する。さらに、政府間組織が提示する融資条件は複雑なために、借入国は不利な立場に立たされる。たとえば、アメリカのＰＬ４８０法案（農業貿易促進援助法）によって、インド国内の穀物生産はダメージを受けた。さらに一九六六年、インドがスターリングポンドに対する切り下げを行うと、対アメリカドルのルピー相場もそれにつられて大幅に下落してしまった。こうして発展途上国と西側の強力な工業国との間の政治的な対話が進むにつれて、政治上のさまざまな障害が表面化するようになったのである。

開発途上国におけるグローバリゼーション

一九八〇年代初頭までには、新たに主権国家となったインドや他の途上国において台頭した経済ナショナリズムの潮流は弱まっていった。経済ナショナリズムの弱体化と時を同じくして、先進国では保守主義的で新自由主義*的な理論や政策が、政治・経済両面において実行に移されはじめた。中東の主要産油国による石油カルテル、OPECによって断続的に引き上げられた石油価格に対応する形で物価の上昇を引き起こすことが、新自由主義の目的の一つであった。

新自由主義は、マーガレット・サッチャーやロナルド・レーガンらによるマネタリズムとして形を変えながら、イギリスとアメリカを起点として、ヨーロッパへ、さらには日本にまで伝播していった。マネタリズムとは、マネーサプライ（貨幣供給量）を適正に管理することによって、物価水準を適正な水準に保つことが可能であるとする、貨幣数量説に依拠する考え方である。マネタリズムによれば、従来の経済の決定要因とされていたマネーサプライ（利子率は貨幣供給量により決定されるため）と公共投資水準は、物価水準の上昇を通じることにより、実物経済に対してほとんど影響を与えない。マネタリズムの隆盛によって先進経済圏における政策が大幅に転換し、金融と財政政策、双方の引き締めが行われたため、インフレーションは悪化していった。

経済合理性と効率性という観点から、自由な市場を推進し、政府の介入を制限しようと主張するマネタリズムへの傾倒によって、福祉国家や社会民主主義政府といった考え方は求心力を失っていき、かわりに小さな政府や保守主義的国家への移行が強まった。工業先進各国の主要国政府と同様に、政府に影響を与えると同時に政府によって管理監督されている国際金融機関もまた、マネタリスト的なマクロ経済政策を支持しており、やがて発展途上国に対する政策的な合意が形成された。すなわち、ワシントン・コンセンサスである。

＊ネオ・リベラル、ネオ・リベラリズムともいう。市場による自由競争が最適な資源配分をもたらすという考え方に依拠し、政府や公的部門による介入に否定的な「小さな政府」論がその代表的な主張。

この政策コンセンサスはＩＭＦと世界銀行といった多国間向け金融機関によって策定され、豊かな工業先進国によって主導された、発展途上国に対する経済政策目標のパッケージであり、これが提唱された機関（シンクタンク国際経済研究所）が置かれている地名をとって、そう名づけられた。

しかし、二国間の物価に対する貨幣数量説的なアプローチ（マネタリスト的なアプローチ）は、一九二九年の世界大恐慌直後、ケインズによってすでに否定されていたはずであった。ケインズは、非自発的失業が存在し、完全雇用状態が達成されない原因は、有効需要の不足にあるという見方を示していた。こうしたケインズの考え方は、第一次世界大戦後のヨーロッパにおいて、需要主導型の社会民主主義的な政策を形成しようとする流れを決定づけていた。これが、いわゆるケインズ主義的福祉国家の登場であった。当時、イギリスでは労働党政府が同様の社会志向型の政策を開始し、ケインズ的政策の実践において先駆的な役割を担っていた。

対外的政策面においては、二国間の政府開発援助（ＯＤＡ）によって経済的な結びつきを強めようとする動きが進められていたが、ＯＤＡ額は一九七〇年代中盤までに漸減していった。これは、先進国における不況の影響を受けただけでなく、マネタリスト理論にもとづく厳格なインフレ・ターゲット政策*の施行によって国家が、ケインズ主義的福祉国家から脱却していく移行過程を反映したものであった。

ワシントン・コンセンサスとIMFと世界銀行による新自由主義的政策による影響

ワシントン・コンセンサスの影響は、四つの経路を通じて、インドをはじめとした発展途上国にもたらされた。第一に豊かな工業先進国からの優遇的な経済援助が大きく減少し、第二に先進諸国向けの輸出が減少し、第三に石油輸入金額の大幅な上昇が生じ、第四に途上国にとって最後の頼みの綱であるIMFからの貸付条件の厳格化が行われた。先の二点は、今までに述べたように、当時進行中であった不況と保守主義的な経済理論を反映したものである。

ワシントン・コンセンサスの結果として、開発途上国は深刻な外貨危機に見舞われることになった。二国間援助が停滞し、個人資本家からの市場を通じた資金調達も困難になると、発展途上国が外部金融を得る手段として唯一残ったものはIMFであった。しかし、

*物価水準は貨幣供給量に対応していることから、貨幣供給量を断続的に増加させることで物価を上昇させ、経済成長率を安定化させようとする政策。

途上国がＩＭＦから融資を受ける場合には、厳しい融資条件が強要され、途上国は金融と財政の引き締め政策を行わねばならなかった。さらに、さまざまな市場で途上国側の統制権が排除され、途上国側は国内市場の規制緩和を行い、国内市場を開放することをＩＭＦによって強制された。外貨危機に対応するためには発展途上国はそのような政策を採用せざるをえなかった。こうして、ＩＭＦや世界銀行などの多国間金融機関による融資条件という名目のもとで外国から押しつけられた諸政策はいまだに続けられている。つまり、新自由主義的なマクロ経済政策を発展途上国が大枠において受け入れたことによって、グローバリゼーションが新たな形をとって発展途上国に到来したのである。

新たに導入された、このような経済改革の本質は、多国間金融機関に加えて、パリクラブ*で行われた二国間の政府間開発融資交渉にもとづく融資条件のパッケージの一部であったことに留意されたい。つまり、一九八〇年代までには、ＩＭＦや世界銀行などの国際金融機関は、発展途上国の基本方針を決定するだけの権力を確立していたのである。

借入国の事情を勘案した上でＩＭＦによる政策は決定されていたが、インドに関しては拡大信用供与という形でＩＭＦによる融資が行われていた。国内市場では輸入物品に対する開放が進み、公共投資の削減が行われ、財政規律を保つために財政赤字――かつての赤字分は中央銀行からの公的な借入によって賄われていた――が圧縮され、自由化は急速に進行した。

一九八〇年代中盤までに、インドの経済改革と自由化は軌道に乗っていた。さらに、貿易政策においては、かつての輸入代替工業化政策から輸出振興政策への転換が起こるなど、著しい変化が生じていた。輸入自由化によって国際価格の水準で安価な原料調達が可能となったために、国内産業の輸出競争力が上昇することが期待され、海外向け輸出を促進するために、輸出に対する補助金が支出されていた。しかし、その成果ははかばかしいものではなく、輸出の成長率は一九八〇年代から九〇年代を通じて三～四パーセントと停滞を続けていた。一九九〇年代までには、経済政策の管理・監督面におけるインドの主権能力はかなり弱体化していた。この点については、次節でくわしく述べることにしたい。

インドへの影響

一九九一年に深刻な外貨準備危機に見舞われると、インドの対外部門に関連する経済指

＊フランス財務省で行われる債権国と債務国との非公式協議のこと。主要債権国会議とも呼ばれる。

標は、次第に悪化していった。そこで、選出されたばかりのインド国民会議派*の新政府は、驚愕の発表を行った。前政権の国民戦線政権**から受け継いだものは「空の金庫」であったというのだ。実際、インド中央銀行が当時保有していた外貨準備高は、一カ月分の輸入決済額にすら満たなかったのである！　外貨準備高不足の影響により、在外インド人による短期預金は急速に海外へ流出していった。さらに、保有していた外貨を売却してもルピーの通貨価値を保持することができなかった。そこで、インド政府はＩＭＦに歩み寄り、救援融資を受けることになり、厳しい融資条件が課されることになった。

結局のところ、ＩＭＦからの融資のうち一一億ドルは使われないまま返却されたものの、当時のインドでは、新自由主義的な経済理論に影響を受け、ＩＭＦや世界銀行と密接な協力関係にある新しい世代の政策立案者が台頭した。一九九一年の八月には、危急の課題であった外貨危機に対応し、大規模な経済改革が発表され、これ以後数年において、ほぼすべての経済分野において、政府の権限と政府による規制の最小化がはかられることになった。こうした自由化政策の対象分野となっていたのは、工業、銀行、国内および国際貿易、労働市場、金融および財政政策、対外支払債務といったほぼすべての経済分野であった。

したがって、インドは一九九一年の市場主導の政策によって、経済ナショナリズムからの転換を遂げ、過去との完全な決別をはたしたといえる。以降、発展途上国全体でも同様の傾向が連鎖的に生じている点に注目されたい。つまり、こうした連鎖的な追随過程こそが、現代のグローバリゼーションの著しい特性なのである。

ラテンアメリカの状況：アルゼンチンのケース

同時進行的に、ラテンアメリカでも金融主導の自由化が広く行われた。自由化の過渡期には、アメリカやヨーロッパからの銀行資本であるトランジショナル・バンクを通じて大量の資金がラテンアメリカに流入した。オイルショック時、ＯＰＥＣが石油からあげた利益は、個人資産として欧米の金融機関であるトランジショナル・バンクに預託されており、その資金が環流される過程で、ラテンアメリカに融資されていた。しかし、発展途上諸国

＊Indian National Congress　かつてガンディーやジャワハルラル・ネルーやインディラ・ガンディーが在籍したインドの有力政党。
＊＊National Front　一九八八年に結成されたジャナタ・ダル（人民の党）を中心とし、インド人民党と共産党の閣外協力を受け、一九八九年の総選挙により成立した政権。設立当初の首相はＶ・Ｐ・シンであったが、政権基盤が脆弱で一九九〇年一一月に辞職、チャンドラシェーカル政権に移行する。一九九一年五月の総選挙で敗北し、国民会議派が政権に復帰する。

が借りた資金に見合うだけの輸出収益を経常的に生み出すことはできず、こうした融資を受けることによって、発展途上国はかえって大きな負債を背負い込むことになった。さらに、特権階級であった各国のエリート指導層は、流入した資金を外国からの奢侈品の購入などといった浪費に充てていたばかりか、外国に資本逃避させ、私的に流用することすら行われていた。その結果、ラテンアメリカ諸国は巨額の対外債務を抱えることとなり、間もなく元利返済すらおぼつかない状況に陥ってしまった。

しかし、債務を負う諸国だけではなく、債権を有する銀行、さらにはグローバルな金融システム全体までもが、この債務危機に対する利害関係の当事者となっていた。債務に苦しむ諸国による利子の支払いが滞る、あるいは債務の支払いが不履行になれば、債権者である銀行の貸借対照表に悪影響が出るおそれがあった。統合された金融市場の特性として、ある特定銀行の倒産の可能性が高まると、その銀行との取引のある他の銀行のポートフォリオ*にすら影響が生じてしまう。これが、いわゆる伝染効果（伝播効果）である。伝染効果とは、信用市場において、銀行から銀行へとつぎつぎに影響が広まっていく現象のことである。また、ある通貨から他国通貨に影響が伝播していく現象も伝染効果にあたる。

豊かな工業先進国の巨大銀行を含むグローバルな金融市場における危機の発生を防ぐた

めに、ＩＭＦは積極的に金融支援をつぎつぎと打ち出した。ＩＭＦはラテンアメリカの債務国に対して、債権主である銀行への返済負担（デットサービス）＊＊のために、つなぎ融資を行った。これによって先進国の主要な商業銀行は倒産の危機から救われたが、一方でＩＭＦは、債務国への信用流入を制限したため、輸入物品に対する支払いを行うだけの外貨は債務国側に残らなかった。そこで金融引き締め、財政規律の強化（公共投資の削減による）、すべての市場の規制緩和（民営化を含む）などを条件として信用供与が行われた。このような引き締め政策によって、やがて債務国の貿易収支は黒字に転換し、対外債務の支払いが行われるようになった。

しかし、輸出から得られる利益は、海外における需要の停滞の影響を受けていたために、輸入の削減なしには貿易収支の改善は望めない状況になっていた。そこで債務国の輸入需要を圧縮するために、厳しい総需要抑制政策と生産物統制がＩＭＦによって行われた。こうした一連の政策によって、ラテンアメリカにおける不況、失業、貧困問題は深刻化していった。この点は、本書においてもすでに指摘しているとおりである。

＊銀行の資産や債務の構成のこと。

＊＊債務にかかわる諸経費などの支払い。

依然としてラテンアメリカ最大の債務国の一つであるアルゼンチンの事例は、まず借金ありきの成長という方式が、存続可能（サスティナブル）なモデルではなかったことを示した典型例である。外国からの融資が保守主義的な国内経済政策を進めるために利用されていたことも、その失敗の一因であった。一九八〇年代に入ると、アルゼンチンは世界第三位の債務国となり、債務危機が発生した。債務危機を招いた一方で、他のラテンアメリカ諸国のケースと同様に、アルゼンチンのエリートたちは都市中心部に居住する富裕な中産階級とともに、その繁栄を享受していた。

アルゼンチンの経済危機の本質を理解するためには、過去に実施されていた政策に対する検討を行うことが必要不可欠である。アルゼンチンでは、海外からの資本流入が殺到していた時期があったにもかかわらず、生産的な活用が行われていなかった。一九七六年から八三年までの間、国外の利子率およそ四パーセントよりはるかに高いアルゼンチンの国内金利二〇パーセントは、投資家にとって魅力的な貸出先であったため、アルゼンチンに多額の銀行資金が流入した。大量融資を背景として利益をあげる動機付けは十分にあったにもかかわらず、一九七〇年代後半までにはアルゼンチンおよび周辺諸国の債務問題が表面化しはじめ、純資本流入額は減少していった。

そこで外国からの資本を呼び込むために、アルゼンチンは事実上の二重為替相場制を採用した。ペソを切り下げ、財とサービスの輸出を促進する一方で、資本取引に対しては高い金利を適用することで資金循環の円滑化を目指したのである。一九七八年までには、アルゼンチンの二重為替相場は解消し、為替レートは統一されたが、通貨価値は過大評価されたまま安定していた。この金融政策は、チリの一九七三年から九〇年までのピノチェト政権の政策を手本として、シカゴ学派の保守主義的な金融政策を取り入れたものであった。やがて一九七〇年代の終盤までには、アルゼンチン・ペソの通貨の過大評価は世界でも有数の水準となり、アルゼンチンから輸出を行う誘因は失われてしまった。

その一方で、国内の投資家が海外で自由にドル建て資産を形成することが可能になった。とくに兌換可能な純資産を有する国内のエリートにとっては、簡単に金儲けのできる状況ができあがっていたのだ。しかし同時に、ペソの過大評価が続いたことによって、本国通貨上の対外債務支払いと債務にかかわる経費が増大し、アルゼンチンの大きな負担となった。やがて政府や企業による借入額が膨張するとともに、それとほぼ同額の国内投資家からの資本逃避が発生した。

こうしてアルゼンチンでは、工業に対する金融の優越的な支配構造が形成されていった。

一九八一年の上四半期の対外債務は総額で一〇八億ドルであったが、国内に流通していた資金は総額にして一〇一億ドルにしか過ぎなかった。つまり、海外からドル資金を借り入れては、その資金を海外の個人資金口座に移すという、まさに自転車操業が行われていたのである。こうして政府による外貨準備高は、ピークであった一九七九年の一〇五億ドルから、一九八〇－八一年度には六二・五億ドルにまで急落した。

一九八三年、アルフォンシン大統領が就任し、文民による国家統制を表明したことにより、アルゼンチンは政治的に分裂し、その状況は大きく変化した。彼は急進市民同盟（急進党）所属のポピュリストであり、さらに、ラテンアメリカ出身の有名な経済学者であるラウル・プレビッシュからの支持を受け、プレビッシュ自身もアルフォンシン大統領の経済アドバイザーの一人として就任した。対外債務危機を経た後、アルフォンシンは自らが率いる左翼中道政党とともに、アルゼンチン経済の自律的発展に向けた道筋をつけたかのように思われた。しかし、アルフォンシンによる急進的な諸政策は、一九八九年、保守的なペロン党*のカルロス・メネムによって打ち崩され、以降、メネム政権は一九九九年一二月まで続いた。

アルゼンチンは、政治的には前進と後退を繰り返していた。一九六〇年代には軍事政府による独裁政権が樹立されたが、その支配は一九七〇年代初頭にファン・ペロンによる保守的な文民政権に取って替わられた。しかし、一九七六年から八三年にかけて、再び軍事独裁政権が復活した。アルゼンチンの支配者らは、当初はＩＭＦによる支配的状況に対して抵抗感を示しており、近隣諸国も危機の回避に向けて協力体制を築いていた。しかし、経済危機が深刻化するにつれて、ＩＭＦに対する抵抗は次第に弱まっていった。国外の銀行資本はＩＭＦの提示した要件に従うようアルゼンチンに圧力をかけはじめたが、一九八四年三月に危機は拡大し、近隣諸国より総額一億ドルのつなぎ融資を受ける事態となった。産油国のベネズエラとメキシコより合計五〇〇〇万ドルを、ブラジルとコロンビアを含む非産油国より五〇〇〇万ドルを、それぞれつなぎ融資として借り入れた。ラテンアメリカ地域内の各国による負債のつけまわしへの動きは、一九八五年にカルタヘナで行われた南アメリカ債務国会議に代表されるような、対外債務国としての連帯意識の発露であったものだったか、あるいは債務国を効果的に救済することによって債権銀行の利益を守ろうとしたのか、その意図は現在になってもいまだに不明である。

＊正義党。軍人から大統領に転進したファン・ペロンの支持基盤「ペロニスタ」を母体として一九八九年に設立された。

一九八五年、カルタヘナの債務国カルテルは崩壊した。一方で、アルゼンチンがＩＭＦから融資を受け入れ、厳格なコンディショナリティ*の統制下に置かれたのは一九八四年半ばであり、その二つの出来事が起きた時期はほぼ一致している。こうした流れは、一九八九年以降政権の座にあったカルロス・メネムのような保守的なペロン党やエリート層にとって歓迎すべきものであった。保守主義的な政策が大幅に復活すると、大銀行やアルフォンシンが提案した銀行の国営化に携わった利害関係者から非常に大きな抵抗が起きた。為替政策では、ペソを一ドルに固定するペソ＝ドルペッグ制という、一種のカレンシー・ボード制**が新たに施行された。それと同時に、財政と金融の引き締め政策が復活し、金利の引き上げと緊縮財政が行われた。

　こうした政策は、ハイパー・インフレーションを抑制するために行われたものであった。しかし、当時の国内需要はきわめて低い水準にあったため、抑制的な政策によって価格水準が著しく下落し、ほぼデフレともいうべき状態にまで経済は落ち込んでしまった。一方で、カレンシー・ボード制という前提のもとでは、国内の貨幣供給量を拡大させるためには、政府は、同時にそれに見合うだけの外貨準備高を増加させ保有しなければならない。しかし、アルゼンチンにおける危機は、数年のうちに早くも拡大し、定常的に生産の減少が起こり、失業率は跳ね上がり、ペソ、ドル建て双方において、預金の取り付けが生じてしまった。こうしてカレンシー・ボード制を廃止し、ペソを切り下げるべきであるという圧力は高まっていった。

経済危機の影響から、アルゼンチンの大統領府は頻繁な交替を繰り返した。二〇〇一年、就任からわずか一日も保たずに退陣したデ・ラ・ルーア大統領に始まり、同一政党から五人もの大統領が就任と退陣を繰り返した。こうした政治的・経済的な混乱は、当時一四一〇億ドルにまで膨れあがった対外債務をもたらす原因となった過去のレジームの影響によるものである。二〇〇二年、新大統領エドゥアルド・ドゥアルデが就任すると、経済浮揚のため「新経済措置」の旗印のもとで急進的な政策が行われたが、そうした政策によって、かえってアルゼンチン経済は行き詰まりを見せることとなった。この新経済措置では、二重為替相場制が再び導入され、銀行資産と銀行負債をドルからペソに切り替える政策が行われた。さらにドゥアルデ大統領は、銀行からの引き出しによるドルの流出を抑えるための法案を打ち出した。しかし、このような法案は、エリート層のみならず職を失った多く

＊ＩＭＦから借入国側に義務づけられる、財政政策、金融政策、経済構造改革などの政策パッケージ。
＊＊国内に流通している通貨と同額のドルを中央銀行が保有し、ドルと通貨の完全な兌換性を保証すること。

の労働階層からの強い反対に遭っただけでなく、最高裁からも新経済措置は認められるべきものではないという判断が下された。そこでドゥアルデ体制は最高裁を弾劾し、議会を再編し、閉鎖した。

ドゥアルデ大統領によって実施された新経済措置は、即時にＩＭＦに承認されたわけではなかったが、アルゼンチン政府にはＩＭＦから、一五〇～二〇〇億ドルの融資を受けられるという期待があった。結果としては、このドゥアルデ大統領による新経済措置によって、ＩＭＦやトランジショナル・バンクをはじめとした国際金融界からの支援をアルゼンチンは再び勝ち取ることに成功した。また当時、アルゼンチンは変動相場制に移行していたが、ドルを購入するための十分なペソの流動性が確保されていなかったために、逆にペソは通貨の急落から免れることができた。

しかし、一方で、ＩＭＦが要求した緊縮財政と金融引き締め策は宙に浮いた状態となっていた。変動相場制を導入するにあたっては、通貨が暴落し、変動相場制が失敗した場合に備えて、アルゼンチン通貨を公式に米ドルに転換することまでもが検討されていた。改革のうねりの中、国内では過去のアルゼンチンの繁栄を享受してきた人々が再び甘い汁を吸おうとしており、改革に乗じてはカネの不正を働き、非常に恵まれた生活を送っていた。

つまり、国内では独裁的統治が横行する一方で、改革は国際金融機関によって行われていた。こうしてアルゼンチンの国家主権は次第に失われていった。

発展途上国における階層的連帯関係の変化

ラテンアメリカの事例にみられるように、新たな開放政策が進行するにつれて、多くの開発途上国において階層的な連帯関係の変化が生じた。保護主義的な国内市場と国家的資本による工業化から脱却し、開発途上国同士の資本を連携することによって資金を調達し、材料や技術の輸入を行おうとする機運が高まり、開発途上国同士が一定の輸入依存度を保つようになった。

その一方で、膨大な対外債務を抱えているラテンアメリカ諸国では、デフォルト（債務不履行）の危機をちらつかせることで、対外的な権力として行使することもあった。一九八三年のメキシコと一九八〇年代初頭のブラジルはその好例である。この二国は、デフォルトの危機をアピールすることで、ＩＭＦや民間銀行からの融資を賢く引き出した。返済負担にかかわる混乱を防ぐために、厳格なコンディショナリティのもとで追加融資が行われた。一方で、国内の現地資本は、しばしば、海外資本と利益合一的な行動をとるのが通常であった。つまり、発展途上国内でなんらかの混乱が生じている場合には、国内の現地資本自身が経済開放政策を必要としており、その後押しを国際政府機関に求めようとする、という背景があったのである。一九五四年、ブラジルのヴァルガス大統領が自殺したが、その根底には海外企業を国有化しようとしたことによって、不興を買ったという事情があったのである。さらに、ブラジルでは一九六四年に、ゴウラール大統領に対するクーデターが発生したが、これもまた、同様の理由によるものであった。

やがてブラジルは、一九七〇年代に入ると、「大躍進政策」によって、「ブラジルの奇跡」ともいうべき経済成長を遂げた。ブラジルの大躍進政策によって、国内の大企業や国家経営による国内現地資本の多くが国内よりも低い金利で海外から広く資金を借り入れることが可能となり、この政策は大いに歓迎された。この時期には、国内で大規模なインフラ整備が進行していったが、その一方で、国内現地資本と海外資本の連携による失敗が生じてしまい、ブラジルは、結果としてサステイナブルな対外関係を構築することはできなかった。

このようなブラジルの成長モデルは国内の所得不均衡を激しく悪化させるものであったが、その他のラテンアメリカの国民国家各国は、ブラジルモデルにならい、これに追随した。ブラジル国内とラテンアメリカ圏内諸国との連携は強化されていたものの、一九八五年に、ブラジルは対外債務に対する支払いを停止しモラトリアムを表明するという、歴史的な試みに踏み切った。ブラジルのモラトリアム表明は、強い協力関係を築いていたカルタヘナ合意にもとづく国家間の資金調達が失敗に終わったことを示す象徴的な出来事であった。

国際金融統合の進展

これまでにも述べてきたように、ＩＭＦは富裕な工業先進国や先進国の銀行の利害に迎合する組織であり、ＩＭＦの主要な関心事は将来起こりうる銀行産業の破綻や金融危機にあった。債務不履行の危険を回避するために、アメリカ政府はいち早く対応し、一九八三年、国際銀行貸出監督法（ＩＬＳＡ）を制定した。この法律によって、債務に苦しむ国々がＩＭＦによるコンディショナリティの発効に合意した場合には、銀行から債務国に対し強制的に貸付が行われるようになった。当時の国際取引のほとんどは米ドルによるものであったため、債権者であるアメリカの銀行やそれに類する金融機関の利益をはかるために、世界金融市場において、債務超過による倒産や金融危機が起こらないようにする必要があった。先立って指摘したように、IMFは債務国に対し厳格な規律を課し、その規律に対する債務国の達成度を評価し、その評価にもとづいて融資を行う、国の個別の事情に即した条件付き融資をさかんに推し進めていた。やがて、アメリカ国務長官のジェイムズ・ベイカーによって、重債務国に対する新たな融資パッケージが開始されたが、その実質はむしろ貸し手である銀行側のあからさまな救済策であった。

その一方で、債務国への純資本流入は決して十分なものではなかった。債務国側である発展途上国にとっては、さながら過去の債務に対するデットサービスを支払うためだけに新たな資金を借り入れているようなものであった。しかし、そうした状況の根底にある論理は、さほど理解しがたいものではない。グローバル金融がそのもの自体の活動を支えはじめる時代、いわば金融資本の時代における当然の流れであった。

そうした状況のなかで、発展途上国側の利益はほとんど顧みられることはなかった。途上国は、貿易による利益を稼ぐために資源を流出させざるをえなくなると、途上国側の対外債務は膨張していき、やがて途上国はIMFのコンディショナリティの支配下におかれ、コンディショナリティは途上国の実体経済に対して悪影響を及ぼした。ラテンアメリカでは、デフレ政策によって生み出された貿易収支が西側の民間銀行に対する債務の支払いのために充当され、さらにＩＭＦからのコンディショナリティ付き融資がこれを補った。コンディショナリティを受け入れたことで、債務国における政策決定の方向性は急激に変化していった。貿易と金融の自由化が推進される一方で、輸入代替工業化モデルは時代遅れであるとして、すでにその評価を著しく落としていた。

一九八〇年代に入り、アフリカの貧しい国々および後発開発途上国が、輸出市場における日用品価格の急落の危機に直面すると、ＩＭＦの政策はアフリカにまで広げられた。「最後の貸し手」としてのＩＭＦは、サブサハラ・アフリカ地域*を中心に、厳しい条件を課す構造調整融資**を行ったが、これまでのケースと同様に、ＩＭＦによって提示された融資条件は各国の政策・雇用部門に対して悪影響を及ぼした。

ここで強調されるべき重要な点は、市場主導の改革への呼び水としての役割をもつ、グローバル金融の役割である。ＩＭＦは財政が逼迫する国々に対して融資を行うだけでなく、

＊アフリカ大陸のサハラ砂漠以南の国々。
＊＊借り手側である発展途上国に経済構造や経済政策の改革を要求する融資。

市場主導型の改革を強制するための先導的な役割を担っていた。しかし、看過してはならないのは、ＩＭＦの行動は大銀行の利害に即したものであるという点である。本章においてすでに指摘したとおり、ＩＭＦから受けた融資の多くは、トランジショナル・バンクに対するデットサービスの一時的な支払いのためだけに使われてしまうため、ＩＭＦからの借入が借り手国にとって純然たる資金となることはほとんどないのである。

読者に再び思い起こしてもらいたいのは、アメリカや他の工業先進国が、構造的な特権をＩＭＦにおいて行使しているという点である。そのような特権にはＩＭＦ加盟国内の投票権も含まれている。すなわち、ＩＭＦ設立当初の個々の加盟国による出資金に応じて、投票権が各国に割り当てられているのである。さらに、総投票権の二五パーセント以上を有している加盟国それぞれが、拒否権を有している。ＩＭＦの設立当初にはアメリカが単独で拒否権を保持していたという点も重要な事実である。加盟国による借入権も、出資比率にもとづき決定されているのは同様であり、出資金額は加入時の国のＧＤＰの規模と、それ以外の若干の条件によってそれぞれ定められている。一方で、総借入金額が増大すると、借入条件は硬直化し、厳しいコンディショナリティが課されることになる。つまり、発展途上地域の貧しい国々がＩＭＦから融資を受けるためには、国家の統治権を縮小させ、マネーサプライと公共支出を削減しなければならないなどといった、苛烈なコンディショナリティを同時に受け入れねばならないのである。

国際機関と国家的経済政策の監視

今日、インドをはじめとした発展途上各国の国家的な政策の立案過程は、グローバルな金融機関と貿易機構による影響を強く受けている。このようなグローバルな金融機関としては、ＩＭＦ、世界銀行、ＷＴＯ、さらにはＯＥＣＤが管理する国際決済銀行が相当する。前者の三機関は、国連の機関である。世界中の国々が加盟しているにもかかわらず、このような国連の三組織は、富裕な国家もしくはそのような国家間の利害連合によって統制され、運営されている。本章ですでに指摘したことであるが、国連機関の指導原則は保守主義的かつ新自由主義的な原理から導かれたものである。

さらに、国連機関が重視する政策手段は、以下のような方策である。すなわち、財政支出を削減し（社会的支出が圧迫されることが多い）、仮に黒字であっても公的企業を民営化し、国内の資本市場の規制緩和を行い、工業規制を解体し、貿易障壁を撤廃し、労働市場の流動化を促進する諸改革によって労働市場の硬直性をなくし、金融政策と財政支出の削減によるインフレターゲットを行うなどによって、最終的に貿易収支に対する管理能力を高めることを目的とするものである。なお、このような政策は市場の支配力の強化と連動するのが通常であり、さらに、国家組織を弱める効果をもったため、「小さな政府」への移行が促された。

不労所得資本の再興

新自由主義的な政策手段は市場開放を目指すものであるが、なかでも金融市場が重視される場合に、優先されるものは多くの債権と多額の金融資産を有している階層の利害であり、この点はこれまでと同様である。こうした集団は、しばしば不労所得者と表現されている。不労所得者とは、生産的活動によって得られる所得よりも、金融資産の貸与によって得られる所得によって収入を得る者のことである。

金融資産の所有者は、株式売買が行われる株式市場だけでなく、信用市場や海外為替市場に対しても、通常、高い関心をもつ。株式価格の高騰が起こりやすく、不確実性の高い市場においてのみ、投機家は利潤を得る（損をすることもある）ことができる、というのが株取引の常識である。株取引においては、株式価格の変動の結果として、利益や損失が生じるために、価格変化に乏しい市場ではもちろんのこと安定的な市場では、投機家が最低でも「勝ち」(「負け」もある)と思えるような結果をおさめることはできない。不確実性が存在するということは、金融の世界にとっては大きな強みであり、金融資産によって収入を得ている不労所得者にとっては、なおさらのこと重要な問題である。金融部門に対する規制が撤廃されれば、市場における価格と取引数量の変動が生じやすくなるために、価格高騰が起きやすくなる。その結果として、投機家は不労所得による利潤を得ることができる。したがって、資本流入に対する規制緩和の進行にともなって、不労所得者たちは海外機関投資家の一角をなし、新興国の株式市場の動きに関心をもちはじめた。こうして、ついに、新興市場はグローバル金融にとってなくてはならない存在となったのである。

一九九〇年代に、ヨーロッパとアメリカの先進諸国を中心として、不労所得資本の復活が起こった。これらの国々では、保守主義的なマネタリスト政策が、以下にあげるような二つの問題を引き起こしたためである。第一に、こうした国々では、経済政策と金融政策で引き締めを行った結果として、一九八〇年代中盤以降の経済・雇用面の成長の停滞が続いていた。第二に、金融市場に対する規制を撤廃したことにより、銀行が世界的な銀行取引を開始し、やがて銀行は株式市場の取引に魅力を見出し、株式市場において積極的にリスクをとるようになった。

銀行業務上の慣行として、以前は、株式市場と信用市場は分離されていたが、一九九〇年代当時には、すでに株式市場と信用市場の区別はなくなっていた。かつての金融界では信用市場の取り扱いに慎重が期されており、株式市場が破綻し、金融危機を経験した一九三〇年代にはとくに安全を重視する風潮が顕著であった。しかし、「取引の自由」が金融市場の規範となり、銀行が資産を自由に株式として運用できるようになってからは、金融市場は根本から大きな変化を遂げたのである。やがて、ハイリスク・ハイリターンのデリバティブ市場*を介して、より大きな利益をあげることが可能になったために、銀行からの資金の流れは実体経済部門への長期投資から、金融市場の短期投資へと振り向けられるようになっていった。同様の趨勢は、発展途上国にも急速に広まっていき、金融分野の開放が行われた。

世界中で資本市場の開放が行われ、多額の利益を手にする機会が増加するとともに、その高い収益性にあわせるように金融の重要性は上昇していった。実際、先進諸国が行った経済政策はしばしば金融部門を優遇したもので、工業部門にとってはそのような経済政策の恩恵はほとんどないどころか、時には有害ですらあった。基軸通貨上で保有されている金融資産は、その資産価値は国際的に保証されるために、金融資産が米ドルなどの基軸通貨によって保有されている場合、基軸通貨の交換価値が過大評価され、しばしば高騰した。こうして起きた通貨の過大評価は、輸出産業に対して不利益をもたらしたが、輸出産業の不利益はしばしば無視された。

また、金融資産価格の上昇によってインフレーションが起こると、政府は財政支出を削減し、消費と投資向けの信用取引の利率を固定するなどといったデフレ的政策を採用することによって、金融資産の物理的（実質的）価値の減価を防ごうとしたのである。こうしたデフレ政策は、国内の投資需要と消費需要を共に冷え込ませるために、工業部門や雇用に悪影響を及ぼしかねないが、政府関係者はそういった懸念をほとんどもち合わせていなかった。金融以外の問題点は、当然のように各国の政策立案者に無視され、各国はそろって金融部門の利益を追求し、財政支出の削減によって反インフレ的な供給主導型の経済政策を採用したのであった。先にも触れたが、こうして先進国経済が変容を遂げ、「金融資

＊実物の金融商品の取引の将来価値のリスク変動を回避するために取引される債券市場のこと。金融派生商品市場ともいう。

本」の時代に突入していくとともに、その影響は発展途上国の経済政策にも及んでいったのである。

結論

本章において強調した論点は、グローバリゼーションの現局面では、不均衡な権力関係が広く蔓延しているという点であり、しかもその権力の不均衡は、二つの階層で起きているという点である。その第一の階層とは、覇権国家と国際機関による権力である。国家は権力を享受し、国際機関は監視機能をもって発展途上地域に対する権力を行使する。第二の階層とは、国家間の同盟である。「南」の国民国家の支配階級エリートたちと海外の覇権主義的権力とが結びついたことは、先に述べたとおりである。

現在、グローバリゼーション下において、発展途上国に対する外部からの支配の復活が起こってしまった。しかし、現在の支配形態と権力の伝達方式は、かつてその地域で行われていたような植民地主義にもとづく正式統治という様式とは異なるものである。これまで議論してきたように、現代の権力者による支配のあり方は、各国の個別のケースに即したものになっている。現在では市場が支配力の媒体となっており、被支配国と支配国の間に不平等な通貨の力関係が存在していることなどが影響している。

また、本章の最後におおまかに触れたとおり、発展途上国は、グローバルな金融による支配構造のなかで、金融主導体制の枠組みを遂行するための道筋を示さねばならなくなった。しかし、こうした金融重視の枠組みを受け入れるにあたっては、途上国の実体経済の成長を阻害するおそれや、公正な分配に対する悪影響をともなう危険性がきわめて高い。次章においては、グローバル市場がもたらしうる可能性とグローバル市場の有する意味合いの展開に注目していきたい。

3

凌駕する市場

――履行されない約束と不均衡

今日、グローバリゼーションが意味するものとは、市場を開放することと同義であると考えれば、ほぼ間違いはない。主要国において市場の力は圧倒的であり、今や市場は国家や公的機関を凌駕するほどの力をもっている。発展途上国においては、市場という新たな「お題目」が、国家をその舞台裏へと押しやった。市場の力によって国家の公共支出が抑制されたために、学校や病院への援助と住居、燃料、交通、電気など社会整備の進んでいない分野への補助金などが削減されるようになった。市場では財とサービスの品質は価格に転化されるが、国営企業による供給財すらも市場の論理とは無縁ではなく、価格競争によって、成長を達成するために重要な要素が急速に損なわれることになった。本章では、グローバリゼーションのもとで、いかに市場の地位が上昇していったかについての検討を行い、とりわけ市場の地位の上昇によって生じた発展途上国の国内問題を取り扱う。

市場のためのグローバリゼーション

一九八〇年代初頭に、市場への期待が高まると、グローバリゼーションは再び表面化しはじめ、新自由主義的な経済政策にもとづいた「効率性をもった成長」を達成しようとする動きが盛んになった。こうした新自由主義的な市場重視への流れは、発展途上国と先進国いずれの政策に対しても依然として影響を与えている。かねてから予想はされていたことであったが、先進国は市場での取引条件を巧妙に操ることができたために、多くの場合、発展途上国にとって不利な状況が現われる結果となった。発展途上国は、先進国との交渉の場で、貿易政策に対し異議を唱えるための交渉力をほとんどもたない。こうした問題は貿易に関する直接対話に限られた話ではなく、WTOのようにすべての参加国が等しく権利をもつはずの会議ですら、同じような結果が待ち受けているのが通例なのである。

新古典派理論における市場志向型政策の論理

しかしながら、これほどまでに市場の重要性が支持され、その重要性がことさら強調されているグローバリゼーションの現況にあっては、その裏にある論理を明らかにすることが必要である。ここで新自由主義的な理論と公共政策で、しばしば強調される四点を以下に示そう。

第一に、このような議論が非常に歓迎されたのは、自由市場における「自発的な交換」という規範が、信仰とでも言うべき迎えられ方をされているためである。新古典派の理論では、市場が自由化された場合、投入された財は最高水準の効率性をもって生産されるために、すべての消費者は最高の満足（効用）水準を得ることができ、生産者は最大の利益を得ることができる、と考えられている。さらに実質賃金率（物理的な資本と労働の投入量によって決定される賃金水準）が、生産活動への貢献に応じて達成可能な最高水準をもって決定され、賃金が労働者に支払われる。こうして経済はある到達点に達すると予想される。ある到達点で、その一国がその時点で利用可能な、労働も含むすべての資源を、最高、最適かつ完全に利用しつくすことができる。こうして導かれる結果が、経済の教科書で、「パレート最適」と呼ばれる最適解である。パレート最適とは、一国の一時点において所与の資源を配分するための最適な選択であり、パレート最適が達成されると、最適な消費、生産、賃金、価格の配分が決定される。

第二の議論は、国際貿易を開放することによって、国際分業への途が開けるという考え方である。一財、もしくはそれ以上の財の生産において、いわゆる国家間の比較優位性が十分に発揮されるのは、貿易が自由市場国家同士内で行われた場合のみである。

第三の議論は、市場を開放、つまり自由化することで、貿易を介して市場が拡大するために、規模の利益が期待できるというものである。

第四には、貿易によって各国はそれぞれ効率的な生産を達成することができるとされるが、これは利用可能な生産投入は競争的な価格によって調達され、自由市場では競争相手との競争につねにさらされるためである。

こうした点が強調されるのは、先述のパレート最適条件に負うところが大きい。パレート最適が実現すれば、理論上、効率的な市場均衡が達成されるために、効率性をもった成長を達成することになる。成長が具現化するには、そもそも時間がかかるものである。しかし、今日の自由化ではしばしば成長目標は効率化を推進するという短期の目的にすり替わってしまっている。

このような視点は、市場を、最適な資源配分を行うものとして支持するものである。しかし、こうした見方は、その仮定の置き方——そもそも現実的な仮定が一つもない——や、市場の自由化政策が当初の主張とは乖離してしまっているという二つの問題点により批判を受けている。ここで、市場主導の改革の前提となる第一の仮定を検討したい。

第一の仮定の前提となっているものは、生産における完全競争市場、完全雇用など資源の完全利用、労働市場と同様に資本市場の十分かつ完全な情報に加えて、最終生産財へのそれぞれの貢献割合に従って、労働を含め、異なる生産投入要素（生産要素のすべて）に対応した収入が配分されるという点である。実際の市場を想定すればわかることだが、このような仮定は現実世界とかけ離れたものである。このような非現実的な仮定に依拠している理論的な枠組みにもとづく政策が、はたして実行するに値するかどうか、という点に対する判断は本書の読者にまかせることにしたい。

市場自由化政策の見取り図

効率化によって成長を達成しようとする主張が、もし正当に弁護できるようなものならば、これまでそのような自由化政策によって、少なくとも世界の諸問題は、解決までは望まないにしても改善したはずであり、詳細はどうあれ、そのような政策の利点を指摘することが可能なはずである。ここで世界の諸問題とは、失業、貧困、工業に対する偏重、不平等、価格の不安定性、最終生産財と資本市場の問題などである。しかし、現実は、先進国、発展途上国を問わず、期待された目標とははるかにかけ離れたものとなっている。

市場の自由化政策が、非常に多くの発展途上国で行われている。商品やサービス部門の自由化を行うことによって、「知的財産権」もしくは知識や発明に関連した分野、金融市場、労働市場、国家によって運営される公的部門を含めたその他の経済活動、財政・金融政策、対外債務返済政策といったさまざまな分野への影響が現われている。本章では、自由化政策と諸活動との一連のつながりが多方面へ及ぼす影響についてページを割くことにしたい。

市場の規制緩和が行われた場合、通常は最終生産財と技術の構成が変化するために、市場に新しい製品をもたらす要因になると考えられているが、この点について、ここで再び言及することにしたい。例として、品質面で外国からの輸入品との比較に耐えうる洗練された商品が多数出現するということがあげられる。市場の規制緩和によって、生産される財の傾向が変化するために、エリート層の買い物かごは、長らく待ち望まれていた変化に満たされるが、それほど富裕でない者にしてみれば、贅沢品に手を出すことができないままである。階層が存在するこのような国々において自由化が行われる理由は、優越的立場にある市場から自由化を強制されたためであり、自発的に行われたものではない。なぜなら国内には十分な購買力がないからである！

このような新製品は技術改良を必要とするものがほとんどである。しかし通常、新製品をもたらすような改良された技術が広まるにつれて、やがて技術は労働力に取って替わるようになる。インドの雇用を例にとれば、一〇人以上を雇用し、工場法にもとづき登録されている企業による組織的産業を対象としたわれわれの研究によると、経済改革後、最終生産物の平均成長率が年率二〇パーセントを超える高成長産業は、労働阻害的な傾向を示していた。つまり、技術の活用が資本の単位当たりの労働投入量を抑制していたのである。さらに、年間の生産財の成長率が低い産業ですら、そのほとんどで同じような傾向が観察された。

一九九一年に市場主導型の改革が行われて以降、雇用の変動が常態化するようになったが、それは下方への変動であって上方への変動ではない。つまり、このような雇用変動は、新たな技術が労働阻害的な側面をもち合わせているということの証左である。もし仮に、市場における取引がすべて自由意思で行われるものとすれば、多数の人々が仕事不足で失業したままであることなど決してありえないはずであろう。

グローバリゼーション下における市場自由化政策の論拠は、国内・国家間を問わず、自由な市場が金融フローに対する「効率性」を達成するという点にある。生産性の観点からも、実現可能な最良の資金配分を達成するためには、金融フローを効率化することが必須であるという主張が行われている。しかし、こうした主張においては、規制緩和された市場では不確実性が存在するために、不確実性によって投機が生じ、投機的利益を得る目的によっても資金が流入するという点がしばしば無視されている。つまり、金融フローは必ずしも最大の物理的生産性をもたらすものではない。

逆に、投資によって高い利得を得る場合、その多くは、金融資産もしくは商品であっても、不確実な市場において価格が上昇するという期待に満ちている場合に行われる投機によるものである。もちろん、期待が裏切られた場合には、逆に損失が発生する。このような利得あるいは損失が生じる原因は、GDP計算やGDPの時系列的な変化によって合理的な説明がつくものですらない。ここで、本書は再び問うことにしたい。はたして、投機的な金融の流れはパレート最適な資源配分と矛盾しないものなのであろうか?

国によって市場自由化政策の効果はまちまちであり、そうした例をあげることは難しいことではない。国際貿易と国際投資への自由化の効果は、先進国群と発展途上地域群とでは大きく異なる傾向があり、市場自由化によって得られる結果は自由化を開始することになった動機によって異なる。すなわち、経済成長のための推進力として自由化を開始したのか、あるいは自由化の過程において経済発展を達成しようとしたのか、という動機の違いによるものである。ほぼすべての発展途上国は、WTOの枠組みのもと(もっと早い時期かもしれないが）で市場を自由化することにより、貿易を活発化させることを目指した。しかし、多くの発展途上国は、自由化された市場と貿易と経済成長を相互的に結びつけ、機能させることに失敗している。発展途上国のGDP成長、輸出成長、輸出シェア、どれをとってみても主流派が予想していたような自由化による成果は達成されていない。

ここで、発展途上国における経済成長の軌跡に目を転じることにしたい。二〇〇三－〇四年度の発展途上国の平均年間成長率は六・一パーセントであった。しかし、各国それぞれの成長率の間には大きな開きがある。たとえば、ベネズエラの一七・三パーセント、リベリアの一九・七パーセントから、エチオピアの一一・六パーセント、コートジボワールの一・七パーセント、そしてジンバブエのマイナス六・〇パーセントまで、同じ年度でも大きく異なっている。

また、ある時点で高い成長率を記録している国々であっても、必ずしも順調な成長傾向が反映されているわけではない。二〇〇二－〇三年のマイナス成長から、多くの国で経済成長の実際の状況が不安定な傾向にあることが明らかになっている。ベネズエラではマイナス七・三パーセント、ジンバブエではマイナス一〇・四パーセント、エチオピアではマイナス三・九パーセント、リベリアではマイナス二九・五パーセントといったように、それぞれの指標は対二〇〇一－〇二年度比で著しい下落を示している。同様の変動は、他の年度の比較をすることによっても確かめることができる。各国の人口密度の影響を減殺するために、一人当たりGDPを用いた比較を行っても、国により、時期により、その値はそれぞれ異なった変化を示している。

同じように発展途上国は、輸出実績においてもそれぞれ異なる経験をしている。途上国の平均年間輸出成長率は、一九九九－二〇〇〇年度には二三・一パーセントであったが、二〇〇一－〇二年度にはマイナス六・二パーセントとなり、二〇〇三－〇四年度には二五・〇パーセントとなっている。これらの国の大部分は、一定のペースで市場自由化を行っているにもかかわらず、数値からは上昇トレンドの見込みや安定したプラスの輸出成長率を見てとることはできない。このような結果は、主流派の理論や政策が予期した結果とはまったく反対のものである。

中国の安定した輸出成長率をもち出したい向きもあるかもしれないが、近年の発展途上国の中では中国は特異な例外である。中国の輸出成長率は二〇〇二－〇三年度で一四・二パーセントであったが、これは発展途上国全体の平均輸出成長率である二・一パーセントと比較するとはるかに高い。二〇〇三－〇四年度には中国の年間平均輸出成長率は三一・

〇パーセントとなり、アジアにおける発展途上国全体の平均輸出成長率を二五・三パーセントという驚くべき水準に押し上げた。インドからの輸出もまた、他の発展途上国と比較すると相対的に高い水準で成長している。

このように国ごと、時期ごとに数値はそれぞれ異なり、一定の傾向を見出すことすらできない、という状況にある。こうした点を考えてみれば、市場先導的な政策によって新たな市場が開放されるから各国は新たな貿易機会を広げられる、などという新自由主義者の一般的な主張は公理などではないといえよう。

このような主張は、グローバル市場への発展途上国の市場における地位（輸出シェア）によっても裏付けることができる。発展途上国のシェアは世界の輸出のだいたい三分の一ほどであり、その割合は少なくともこの三〇年間でほとんど変化していない。一九八〇年代に市場開放が始まり、WTOの枠組みのもとで一九九〇年代にはより多くの市場が開かれていったが、この間、世界市場における発展途上国全体の輸出シェアへの影響はまったくなかったのである。

一方で、輸出成長率の事例と同様に、輸出シェアの様相もまた国ごとに異なっている。二〇〇七年に、全世界輸出に占める発展途上国全体からの工業品のシェアは二七・三パーセントであった。しかし、発展途上国の中でも後発発展途上国、重債務国などからの工業品輸出が全世界輸出に占めるシェアは、わずか一・六パーセントであった。つまり、発展途上地域とひとくくりにしても、国ごとの実績は異なっている。このような状況は、同様に新自由主義的な自由貿易が一様な利益をもたらすという概念に対する反証となっている。

自由貿易政策の影響

今日のグローバリゼーションが進展するにつれて、市場開放政策の結果として、経済政策面における主要な政策的努力目標が定まりつつある。ここでは、貿易枠組みの変容によってもたらされた途上国側の政策変化について、概観的な議論と分析を行いたい。こうした変化によって、途上国は財政改革という手段を行使する必要性が生じ、やがて財政改革の影響が現われてくることになったためである。

貿易と貿易政策：必需品、サービス、知的財産権

まずはじめに、新自由主義的な立場からの処方箋とでも言うべき、多国間の貿易開放か

ら議論を進めることにしたい。新自由主義によれば、多国間貿易を開放することによって、比較優位と特化が促進されるために、貿易の当事者となる国のすべてが貿易によって利益をあげることができる、と考えられている。しかし、貿易によってすべての人々に平等に機会の均等が保証され、利益がもたらされるものであるという、このような主張の実現には、実際上、多くの障害がある。さらに、発展途上国の状況を鑑みると、その状況はいっそう困難である。

ここでとくに重要な点は、市場に対するアクセスの機会である。市場に対するアクセスの機会が欠如している場合には、生産部門における規模の経済性は無効化され、さらに海外からの原料を調達するためのコストを削減することもできない。つまり、自由貿易によってコスト効率的な生産が達成されるという主張もまた、否定されるべきものなのである。

GATTからWTOへ

発展途上地域で市場自由化への流れが始まった時期は、ＩＭＦが債務に苦しむ発展途上諸国に対し条件付き融資を行った一九八〇年代にさかのぼる。しかし、貿易の開放に向けた対話は、一九四七年、関税の削減を目指す関税および貿易に関する一般協定（ＧＡＴＴ）の発足以来、すでに開始されていた。七〇年代中盤、東アジア諸国の新興工業国との熾烈な海外競争によって先進諸国が国内市場の深刻な景気後退に直面すると、貿易開放に対する圧力は強まった。先進諸国にとっては海外市場に対するアクセスを拡大することが死活問題となっていた。ＧＡＴＴにおける関税の引き下げ交渉と非関税措置協議は、一九七九年の東京ラウンドで終結するまで数ラウンドにわたった。一九九一年、ＧＡＴＴウルグアイ・ラウンドには多数の発展途上地域からの参加があり、最終的に一二八カ国がＷＴＯに加盟した。

ＷＴＯ協定への調印により、ＷＴＯは全加盟国にとって長く待ち望まれた、差別なき市場へのアクセスを保証するための機関としての役割を期待された。しかし、このような期待は、強力すぎる先進諸国の貿易交渉力によってほどなく裏切られてしまうことになった。

繊維産業

ここで繊維産業のケースについて述べることにしたい。通常、繊維産業は、発展途上国にとって工業化の初期段階における主要産業である。当初のＷＴＯのシナリオによれば、繊維製品に対する輸入制限措置を解除する目的をもって、貿易機関であるＷＴＯが仲介として機能するというような印象を与えるものであった。しかし実際には、いまだに先進国では輸入制限措置が蔓延しているのである。

繊維産業については早期にＷＴＯ合意が形成され、一九九四年一二月、多角的繊維協定（ＭＦＡ）として公式に決着がついた。一九九四年のウルグアイ・ラウンドの結果を受けるかたちで、一九九五年には多角的繊維協定に代わり、繊維および繊維製品に関する協定（ＡＴＣ）が発効した。多角的繊維協定は同年に失効し、綿、毛、化学繊維、ジュート、絹混繊維などの繊維貿易にかかわる輸入割当てである「クォータ」と、その他の非関税障壁が撤廃されることになっていた。しかし、予想されていたとおり、先進国側は繊維および繊維製品に関する協定を通じて、多角的繊維協定の引き延ばしを行ったため、発展途上国側は市場へのアクセスが奪われるかたちとなった。

つまり、こうした繊維産業の例は、ＷＴＯによって交渉力が強化されることがほとんどなかったということを示している。仮にＷＴＯによって交渉力が強化されるような事態があったとしても、それは先進国のみであろう。繊維輸入割当てや、そのほかの労働集約的産業を先進国が守ろうとするための手段として、種々雑多の非関税障壁を先進国が設定する場合、それに対して発展途上国側から抗弁することはほとんど不可能なのである。

農業

農業は、食料の安全保障のみならず、ほとんどの発展途上国では、生活手段としても重要である。インドのような新興成長国家においても、七〇パーセントの雇用は農業部門によるものである。そのような農業のアクセスについても、WTOの枠組み内においては、先進国側が貿易上、明らかに有利になっている。すでに総量規制（もしくはクォータ）は廃止されており、WTOの条項のもとでほとんどの農産物にかかる関税は大きく削減された。しかし、先進国では農業部門を守るために、かわりに補助金政策が行われるようになっていった。一九五五年、GATTにおいて、アメリカの農産物輸入制限についての恒久的なウェーバー条項*が認められたことにより、アメリカに特権が与えられ、アメリカの補助金政策が追認されたことについて、ここで言及すべきであろう。

WTOの言い分によれば、アメリカの補助金は「国内補助金」として扱われ、もっと

*特定の産品についてはGATT加盟国三分の二以上の賛成によって輸入制限を認めるという条項。

も貿易歪曲的な「アンバーボックス（黄の政策）」*を含め、WTO規則による国内補助金の三枠組みの中で取り扱われた。「アンバーボックス（黄の政策）」では、先進国も発展途上国も、それぞれ補助金率を二〇パーセントから一三パーセントに引き下げることになっていた。さらに重要な点は、比較的に貿易歪曲的ではないとされる、他の二つの補助金群によっても、貿易の歪みが最終的に左右されるという点である。その二つの補助金ボックスは、「ブルーボックス（青の政策）」**「グリーンボックス（緑の政策）」***と呼ばれ、双方のボックスともにWTOからの制限はかけられていない。双方のボックスの問題の詳細については後に述べることにしたい。

しかし、このように明確に政策が区別されていたとしても、先進諸国にとってこうした政策はしばしば有利なものであり、さらに先進国が補助金政策を継続するために、先進国側がボックスの優先順序を変えられるような仕組みになっている。つまり、先進国が農業生産物に対する割当量の削減や関税制限を受け入れるが、かわりにグリーンボックスの補助金を増加させて農業を保護しようとしたとしても、それはWTO規則の定める貿易歪曲行為にはあたらないのである。一方で、いくつかの研究が指摘するように、グリーンボックスにもとづく補助金は、発展途上国からの農業輸出に対してマイナスの影響を与える。

すでに述べたように、貿易歪曲的な補助金については明確な区分けがなされている。しかし、そのような政策枠内で補助金率を先進国側に有利になるように引き下げ、さらに政策ボックスの色をＷＴＯの制限を受けないように「黄」「青」「緑」と変えていくなどといった手段をとることで、先進国は貿易の歪みをうまく隠蔽しながら、政策を操ることが可能になってしまっている。

発展途上国からの農業生産物の輸出は、衛生植物検疫措置の適用に関する協定（ＳＰＳ）による規制によってもマイナスの影響を受けている。ＳＰＳは、ＥＵやその他の先進諸国において広く採用されているが、これは輸出国側にはどうにもできないような、健康上あるいは衛生上の規制をかけることによって、発展途上国からの輸入を制限するものである。ＷＴＯ体制では、正式に輸入数量規制をかけることは禁じられているが、輸入国側に従うかたちでＳＰＳのような「偽装貿易障壁」は依然として存在し、輸入貿易数量を統制するように機能しているのである。仮にＷＴＯの紛争解決手続機関に訴えたとしても、農産物

＊アンバーボックスとは、補助金を与えることで生産を増加させる政策。
＊＊ブルーボックスとは、生産を削減することを条件として補助金を与える政策。
＊＊＊グリーンボックスとは、生産量にかかわらない直接補助を行う政策。ブルーボックスとともに、ＷＴＯでは貿易歪曲的とみなされていない。

の輸出側である発展途上国が先進国の保護主義的措置に対抗することは非常に難しい。

　さらに、ＷＴＯのもと、後述する、知的財産権の貿易関連の側面に関する協定（ＴＲＩＰｓ）が結ばれている。ＴＲＩＰｓは、種子に対する特許と植物および植物による生産物に対する特許などにもかかわる協定であるために、小規模農家にとってはその影響は非常に大きい。小規模農家が、その農業スタイルを続けていけるかどうかに関して、農産物の特許問題は深くかかわってくるためである。これらの施策は、熱帯地域やその他の地域に位置する発展途上国で、生物多様性が大きく損なわれているという問題についても影響を与えている。

　発展途上国に適用されたＳＰＳ協定やその関連協定の主要な特徴は、輸出側である発展途上国に高いコストを負わせ、さらに輸出量に制限をかけることにあった。ＷＴＯとのかかわりで表明されたＳＰＳ協定の目的は、人間、動物、植物の生命もしくは健康を守ることであり、これを守るためには必要であれば「いかなる」措置をもとるものとしている。そのような措置は多様で複雑なものであり、しばしば急速に変化する。

　ＳＰＳが実施されると輸出が難しくなり、その影響は輸出供給システムおよびネットワークに携わる公的部門、私的部門の双方におよび、ＳＰＳに対応するための費用もまた多大になる。後発途上国の場合には、その負担はなおさら大きなものとなる。同様に、先進国が導入したこのような措置に対抗するのは、発展途上国の輸出業者にとっては非常に困難である。農業生産額に比例した補助金削減条項も依然として残ったままであり、先進諸国に対しては五パーセントの削減目標が課されているが、発展途上国に対しては一〇パーセントという高い数値が適用されている。

右に述べたような仕組みをもって先進国側が国内農業を保護しようとしているために、今日、発展途上国は、自国の農業部門を維持するという点で危機的な状況に瀕している。グローバル統合の過程では作物価格の引き下げ圧力が生じ、価格が不安定化しており、加えて発展途上国の農民は、国内・海外市場を問わず生産物を売却する際に、割に合った価格ならまだしも、その原価で売ることすらできなくなっている。こうした一連の結果として、先進国側によるダンピングが起きており、穀物、野菜、さらには畜産製品に至るまでダンピングが発生している。このような先進国による貿易慣行は非常に不公平なものであり、インドのような国々における農業以外の生活手段をもたない貧しい農民ならば、だれもが不公平だと感じるものである。

インドのさまざまな地方で、農民は非常に困難な状況に陥っており、過酷な状態にあることが最近の調査によって報告されている。調査によれば、農民は割に合わない価格で生産物を売らざるをえず、高利貸への膨大な負債に苦しみ、公的機関からのサポートを得るための体制は整っておらず、その日暮らしの生存すらも危うくなっているなど、いかに過酷な状況に陥っているかが示されている。このような深刻な状況は依然として継続しており、インドの農村部では前例がないほどに農民の借金問題と自殺が相次いでいる。

こうした厳しい背景によって、耕作に適さない土地すらも穀物や豆類などの食料を生産するために開墾されている。しかし、このような乱開墾によって国家の食料の安全保障面が脅かされ、さらに農民が生存するために必要な一日の必要カロリーを確保することすらも同時に危うくなってしまう。皮肉なことであるが、自由市場の原則である、いわゆる「自発的な交換」とは市場の徒花に過ぎなかったのである。

知的財産権の貿易関連の側面に関する協定（TRIPs）

WTOの枠組みによって、いわゆる知的財産権の貿易関連の側面に関する協定（TRIPs）および貿易に関連する投資措置（TRIM）についての対話が開かれた。TRIPsとTRIMは、双方ともにウルグアイ・ラウンドにおいて結ばれた協定の一部である。しばしば各国の特許規制の法的有効性につき国家間の論争が起きるようになったため、WTO加盟国家間の知的財産権に対する共通システムを強化する必要があったのである。ウルグアイ・ラウンドにおける一連の論争で、各国による特許管理体制にかえて全世界の合意が得られるような枠組みを導入し、そこで特許権所有者に報酬を与える仕組みがつくられれば、研究開発への投資や工業部門における発明が促進されるであろう、という主張がなされた。当初の取り決めでは、最低でも二〇年間という長期間にわたり、特許製品の使用について排他的な独占を認め、権利使用料を支払わせようとするものであった。

今日のいわゆる「知識経済*」を生み出すための必要前提条件となったのは、このような知的所有権に対する主張であり、その議論はもともとウルグアイ・ラウンドで行われたものであった。また、初期の製法特許権にかわり、製法で特定した物に特許が与えられている場合には、その結果物として生産された製品にも同様に、新たな規則のもとで特許権が与えられるようになった。

TRIPsは、加盟国の著作権や特許権に関連する法制システムをはじめとしたさまざ

* 経済的利益を生み出す基盤として知識を活用すること。たとえば特許権のように、知識がそのまま経済商品になることを指す。

まな活動に影響を与えた。かつてインドを含め多くの発展途上国では、製法特許は国内の特許管理体制の中で容認されていたが、TRIPsによって、特許権保護の対象は製品と製法特許の双方に拡張されることになった。地場産業は研究開発を行うことによって、低コストの生産、あるいは異なる技術を用いた生産を目指し開発努力を行っていたが、こうしたローカル企業にまでこのような特許管理体制の変化による影響は及んだ。

一方で、新たな特許管理のもとでは、市場に流通する特許によって保護された製品の値段は高騰してしまい、所得水準の低い発展途上国には購入しきれないような高額になるという問題が生じてしまった。その代表例が医薬品である。一般的に特許環境が変化すると、発展途上国の医薬品価格が上昇してしまう。そうして今や、途上国で販売されている医薬品は、外国資本の医薬品企業の所有しているブランド名のもとでのみ販売されているのが通常である。生命にかかわる医薬品については、「強制実施許諾」によって、WTOの枠組みのもとで特許権者の許諾を得なくても特許発明にかかる医薬品の生産を行うことが可能である。もしくは当該国家に特許発明品の生産能力がない場合には輸入を行うことができる。しかし、WTO事務局から強制実施許諾の認可を受けるためには、かなりの困難がともなう。

インド、ブラジル、南アフリカなどの国々では他国との関係を鑑みながら、ＴＲＩＰｓによる新たな管理体制に適応するにあたってかなりの問題に直面している。国内市場の消費面に不利益が生じており、さらに国内市場では、流通しているブランド製品と中小企業の競争面における問題が生じている。今日、バイオ技術の技術革新を独占化し、その特許を得ているのは、ほとんどが高度な研究所を保有している巨大な医薬品企業である。多くの場合、小規模な医薬品生産業者では、その技術革新能力は大企業に及ばず、とりわけ発展途上国では、そうした技術への追随が困難である。先進国の研究室よりもたらされる新製品は、農業部門にも影響を与えている。モンサント社のＢｔ綿種子*は、インドやその他の発展途上諸国で激しい議論と論争の的となった。

最後に、ＴＲＩＰｓの施行によって特許権を取得しやすくなったために、特許権目当ての多品目の遺伝子組み換え食物の開発が促進された。遺伝子組み換え食物は、通常、多国籍企業によって生産され、流通に乗せられる。多国籍企業は生産国である先進地域から、

*アメリカに本社のある多国籍バイオ化学企業モンサント社の開発した遺伝子組み換え作物。同社は圧倒的な市場支配力をもっていたため、事実上、綿花生産農家は高いＢｔ綿種子を使用せざるをえなくなった。中南米諸国でも、トウモロコシなどで同様の問題が起きている。

もしくは発展途上国に先進国が設置した系列企業などを経由するかたちで経営されている。多国籍企業がもたらす食物が、ローカルに生産されている食物に取って替わることによる影響はもちろん重大である。その上、さらにいくつかの研究によれば、遺伝子組み換え作物が健康被害を引き起こすおそれがあるという問題も指摘されている。

貿易に関連する投資措置に関する協定（ＴＲＩＭｓ）

ウルグアイ・ラウンドでの一連の交渉において、ＷＴＯの加盟国内の貿易関連の案件については、外国投資家も国内投資家も等しく扱われるべきであるとする貿易に関連する投資措置に関する協定（ＴＲＩＭｓ）が合意された。とりわけ外国からの投資や進出する企業が生産を行う場合、自国内産原料の使用を生産に義務づける措置であるローカルコンテント規制（現地調達率要求）が禁止された。さらに海外との貿易活動で為替差益を得るために特定の原材料の購入調達を設定することも禁じられた。ＴＲＩＭｓによって、ネット・ベースで外貨を獲得するための将来的な手段として、海外直接投資への注目が高まったのである。

サービス部門

サービス部門にかかわる問題については、一九九一年の協定調印以来、WTO内でもいまだに議論が続いている。サービスの貿易に関する一般協定（GATS）に先だって合意が形成されたが、この合意では、発展途上国のサービス部門の自由化は、各国の事情にもとづいたリクエスト&オファー方式*によって、自由化のペースを柔軟に設定できるようになっていた。しかし、先進国は次第にその収入をサービス部門に依存するようになってきたために、このようなサービス部門の自由化についての取り決めは先進国にとっては不十分に映っていた。やがて先進諸国は、海外におけるサービス市場を開拓するために、発展途上国を含むすべてのWTO加盟国に対して市場アクセスの拡大要求を行うようになった。

ウルグアイ・ラウンドにおいて提示された協定案（いわゆるドンケル・ペーパー）では、議題の中にサービス部門が組み込まれた。アメリカはサービス部門の自由化を推し進め、二〇〇五年の香港閣僚宣言では「複数国間ベース」の合意を取り付けた。すべての加盟国に対して最恵国待遇を与えることで譲歩をはかり、自由化案をすべて受け入れさせるという

*WTO加盟国内で相互に自由化に対する要望を提出し、自由化に向けた提案を行う方式。合意までのプロセスは、二国間ベースの交渉にもとづく。

方式を新たに採用したことによって、サービス部門自由化のための努力目標が設定された。以来、同様の複数国間要求が幾度か先進国側から提示されている。

今では、発展途上国のサービス部門市場を開くことすらも、先進国にとってそう難しくない課題となっている。サービス部門には、銀行、保険、交通、鉄道、電気およびガス、通信、公的医療サービス、学校の政府支援などが含まれる。自由化によって幅広い民営化が行われるために、利用者はより良いサービスを受けることができるかもしれないが、その価格は市場を介して設定されるために高額になることは避けられない。発展途上国には強力な消費者ロビイストが存在するが、通常、そのようなロビイストたちは高所得者集団の支持を得ているために、民営化によるサービス効率の向上を優先する。さらに、国内の巨大サービス産業はとくに、海外との価格競争に際してもなお民営化を支持するのが通常である。

サービス部門を開放し、工業部門同様にサービス部門を民営化しようとする右のような議論に対して、反対を唱える意見が提起されている。サービス部門でも、導入されるさまざまなハイテク装置は労働代替的であるため、失業が生じると考えられる点で批判もされている。さらに、工業生産の生産パターンと同様に、サービス部門においても、その生産対象は基本的必需品よりも市場志向の奢侈品へとシフトしていくのではないか、という批判的な懸念がある。つまり、こうした民営化への動きは、貧困層や中間層でもその下部に位置する「一般人」の利益に反するものである。多くの一般の人々にとっては失業のリスクが高まってしまう上に、彼らは市場志向の高価な高級産品に対する購買力をほとんどもちあわせてはいないのである。

ここで注記しておきたいのは、先進国では、労働移動はサービス貿易の一形態としては見なされていない、という点である。ある国（労働者の出身国もしくは国籍を有する国）から他国へと労働者が求職のために移動する場合、そうした人々は移民として扱われ、そのような移民問題の取り扱いは司法の管轄となる。さらに、先進国の移民にかかわる法律は絶対的なものではなく、しばしばその時の国家の優先事項によって左右されてしまう。アメリカやEUで働いている熟練ソフトウェア技術者に対して入国許可が下りやすくなっているケースなどはその好例である。こうした労働に関する規則や例外的な事例は、明らかに新自由主義的な原理に反するものであると指摘することができよう。なぜならば、新自由主義の原理によれば労働は資本に対応するものであり、労働は生産に対する投入として扱われるべきものであるからである。

市場ロビイスト

先述したように、市場ロビイストは、「効率化による成長」主義や、経済成長によって長期的に望ましい分配が達成されるとするトリクルダウン理論に対する支持を強めている。しかし、こうした効率化による経済成長への道のりはきわめて時間のかかるものであり、しかも部分的な影響にとどまるということを、本書ではすでに指摘している。

すべての生産部門がコストの効率化を目指しているわけではなく、効率化のプロセスに適さない生産部門も存在する。しかも、コストの効率化を達成しつつある生産部門ですら、生産面の規模の経済性を通じてより高い成長軌道に乗せられるかどうかは定かではない。効率化による成長が成功するかどうかは、むしろ生産と利益に関する市場構造が独占的にならないように制御されているか、という点にかかっており、また成長は製品に対する市場需要圧力に依存するものである。

一方、分配面では、自由化政策によって期待されたスピルオーバー効果*はまったく認められていない。この点に関するよりくわしい批判は本書では行わずに他の議論に譲りたいと思うが、外国人による買収が常態化していることから、国内経済のサービス部門を管理・監督するための手段は、やがて国外に流出してしまうと考えるべきであろう。こうした批判的な意見に対してロビイストたちは、外国資本による民営化は競争的な効率化をもたらすだけではなく、国家の財政バランスを改善するための待望の外貨をもたらすものであるという反論を行っている。しかし、各国で各案件がどれだけ経済発展に寄与したかを検討しなければ、賛否を含めてこうした議論に対する評価を下すことは不可能である。

サービス部門や工業部門など、国内経済のさまざまな経済部門における市場の自由化に関して、国内の分配面に関する自由化前の評価と事後の評価を考慮しなければ、費用便益的手法による評価を行うことはできない。しかし、結果として、本書で定義した経済発展なき経済成長、あるいは成長なき市場効率化は達成されたとみるべきかもしれない。

貿易交渉

ＷＴＯの会議の場で各国間の交渉が進むにつれて、発展途上国の立場は悪化していった。ここで言及すべきは、一九九一年のウルグアイ・ラウンド以降、閣僚会議においてなされた重要な決定に関する出来事である。先進国側は、「ニュー・イシュー」(「シンガポール・イ

＊経済活動による便益が、その活動に関係ない分野まで広がること。拡散効果ともいう。

シュー」ともよぶ）を開始すべく、WTO域内で非農産品市場アクセス*（NAMA）を導入した。一九九六年のシンガポール会議では、サービスと知的財産権（IPR）に加え、非農産品市場アクセスが討議され、これに関連して五項目の要望が提議されていた。すなわち投資関連政策、競争、政府調達の透明性、貿易促進措置、主要な労働基準にかかわる社会法制の五項目である。このような要望への対応は、発展途上国政府にとっては重圧となった。とりわけ、アメリカが知的財産権の分野において二国間交渉を開始したためである。

シンガポール閣僚会議においては、非農産品市場アクセスは合意に至らなかったが、社会法制を除き、ほとんどの議題はシンガポール・イシューとして将来的な交渉議題に組み込まれた。一九九八年のジュネーブ閣僚会議では、電子製品の関税賦課に対して時限付きの凍結措置が合意され、この関税凍結措置は延長を経て今日まで続いている。その次回の閣僚会議となった一九九九年のシアトル閣僚会議は、発展途上国側からの反発の高まりを受けて暴力的な抗議行動が起こり、突然に終幕してしまった。

しばしば「ドーハ開発ラウンド」と称される二〇〇一年のドーハ会議では、発展途上国側からの反発を弱めるために、「ドーハ作業計画」という呼称が与えられた。ドーハ作業計画では、農業、サービス、補助金、反ダンピング、知的財産、地域的貿易協定など

WTOにおいて論争の的となっている諸議題について、一定の合意を形成するための努力がはかられた。さらに、シンガポール会議において提示された「ニュー・イシュー」も取り上げられ、非農産品市場アクセス関連の五項目もまた議論の対象となった。ドーハ交渉の場において発展途上国側はかなりの団結をもって、非農産品市場アクセスにかかわるニュー・イシューなどに対して明確な対決姿勢を表わした。さらに、途上国側からの要望に応えるかたちで、発展途上国に対する「特別かつ異なる待遇」（S＆D）が導入された。これは以前のウルグアイ・ラウンドで途上国側から要望されながら、裁可されなかった措置であった。この「特別かつ異なる待遇」によって、発展途上国は先進国との貿易にあたっては最低限の保護主義的施策を継続できることになった。

ドーハ開発アジェンダは建設的かつリベラルな精神に満ちていたものの、現実的な実効性を大きく欠くものであった。WTO内の不均等な権力構造のために、発展途上国側からの要望を満たすことが困難になっており、ドーハ開発アジェンダの理念と実践の隔たりはそのような問題を反映したものである。

＊農産物以外のすべての物品に対する関税および非関税障壁を撤廃し削除するための交渉。

全体としては、WTOのもとで多国間の貿易にかかわる協定は強化されたといえる。しかし、影響力の強い国々は、依然として一方的な貿易措置を採用し続けている。その好例がアメリカで一九八八年に施行された「包括通商・競争力強化法」の条項の一つであるスーパー三〇一条である。この条項をもってアメリカは貿易制限を行っている。これと同様に、非関税障壁の利用も広く行われていた。先進国が補助金政策を続けていることはすでに述べたが、さらに衛生と植物防疫のための措置（SPS）を採用することによって、健康被害を防ぐという名目で輸入制限をかけ、さらに、健康「基準」によるふるい分けを行うことによって、実質的な輸入制限を行っている。発展途上国側の財・サービス市場を先進国側に開放させておきながら、先進国側は右のような措置をとることによって、発展途上国側による先進国地域に対する市場アクセスを制限しているのである。

市場と金融開放

仮に市場が失敗した場合、つまり貿易を開放し、市場へのアクセスを拡大することによって、多くの国々が利益を得ることが可能になるという環境が形成されなくなった場合には、市場の自由化によって各国が国際金融市場に等しくアクセスすることが可能になる、などという主張はなおさら非現実的なものになる。実際上、国際投資の投資元は、ほとんどが先進国からのものである。海外直接投資においては、二〇〇六年度に、六四〇〇億ドルがOECDに属する富裕な国々からであるが、これは発展途上国全体の海外投資額の五倍に匹敵する額である。このような先進諸国からの海外投資のうち、五〇パーセント以上が企業の合併・買収（M&A）に向けられたものであり、その額は発展途上国側からM&Aに投資された金額の約一〇倍である。したがって、発展途上地域に経営基盤をもつ多国籍企業のほとんどが、先進国に本社をもつ企業であるという点は驚くべきことではない。

先進国に本社をもつ多国籍企業を現地法人数によってランキング付けしたある調査によれば、二〇〇六年の一位はドイツ・ポスト（一〇六）であり、最下位はスイスのネスレ（六四）であった。なお、括弧内の数字は、企業の現地法人数である。予想できたことではあるが、このような先進国側の多国籍企業の活動状況と、やや遅れをとっている発展途上国側の企業の状況は好対照をみせている。発展途上国側のトップは韓国のサムソン電子（二九）であり、最下位は南アフリカのダタテック（一二）である。近年、中国やインドの企業体によるM&A――ミッタルによるフランスのアルセロールの統合やタタによるイギリスのコーラス・グループの買収など――が盛んになった。こうした動きは、企業が経営統合によって利益留保を確保しようとしていることに加えて、先進国の本国に十分な投資環境がないという点の双方を反映したものである。しかし、全体として考えれば、グローバル化にともなういわゆるグローバルな市場開放は、長きにわたり保持されている、豊かな国の大資本によって築き上げられたヒエラルキーを覆すものではない。最近では、発展途上国は機関投資家としてグローバルな資本市場に参入しているが、そうした国々は途上国の中でもごく一部であり、その影響力は限定的であるために、国際資本における権力構造に影響を与えるほどには至っていない。

財とサービスの貿易がさかんになるとともに、グローバリゼーション時代の市場として、金融市場の重要性が高まっている。発展途上国にとって金融市場のグローバル化は、金融管理政策の変化を意味する。かつては、金融管理政策として国内通貨、公的な借入、および対外支払いを管理すればよかったものだが、グローバル化によって、途上国の金融管理政策は市場による直接監視にさらされることになった。

対外支払いや対外受取りに関する管理は、一般的に「為替管理」として知られており、これは戦前、戦後を通じて、多くの国々が外国通貨の流入を管理するために用いた政策でである。戦間期に、主にヨーロッパやその他の先進諸国によって用いられていたが、一九四四年、ＩＭＦの設立協定が結ばれ、ブレトン・ウッズ憲章が調印されると、先進国では為替管理は行われなくなった。しかし、発展途上国側には支払いと貿易を管理するだけの力はなかったため、多くの発展途上国は独立直後の工業化を支えるために為替管理政策を行った。

前章で指摘したように、発展途上国の市場自由化の端緒は、一九八〇年代前半にＩＭＦが債務国に提示した条件付き融資パッケージによって開かれた。当初、ＩＭＦは市場を開放するように発展途上国に対して圧力をかけていたが、それは貿易分野を対象とするものであった。金融部門改革においても、当初のＩＭＦによる指導は為替レートの調整に関するもので、ドルやその他基軸通貨に対して国内通貨の切り下げを迫るものであった。

一九八〇年代中盤には、先進諸国で金融市場の開放圧力が強まっていた。長らく分離されていた銀行と証券市場の障壁が初めて取り払われたためである。こうした変化にともなって、グローバルな金融市場とグローバルな証券市場との親和性は大幅に高まり、国家間の金融の流れがより自由になり、活発化するようになった。そのような国際的な証券取引が行われる国々とその資金の出所となる国々とは同一地域にあったために、証券市場と多国籍企業とは密接な関係にあった。やがて、証券市場が巨大化するにつれて、銀行はその主要業務を信用取引に求めなくなっていた。とりわけ、一九八〇年代初頭に発展途上国が債務による信用危機に陥ってからは、そのような傾向は顕著になっていった。

一方で、発展途上国でも、対外融資を受けるための選択肢が増加するとともに、金融市場の変容が起こりつつあった。一九七〇年代までは、外国から融資を受ける場合に、その主要な経路となったのは公的支援の受け入れであったが、一九八〇年代初頭になると、そのような公的支援の受け入れは以前と比べるとかなり減少していた。こうした変化と時を同じくして、西側諸国では福祉国家の時代が終焉を迎え、発展途上地域の多くの国々は官民一体型の経済発展を志向しはじめた。そして民間資金は、長期債権や直接海外投資や短期の資本分散投資の一部といったかたちで、発展途上国に向けられた対外融資として流入するようになった。

金融の実効性といった面からも発展途上地域への投資は見合うものであると考えられていたため、先進国市場に流通する民間資金によって調達されたグローバルな金融が海外の途上国投資に向かう素地はすでに調えられていた。しかし、初期における途上国の条件は十分でなかったために、途上国では定期的に国内銀行、証券市場、外国からの融資、外国通貨に対する国内通貨の交換レートなどに対する金融市場の規制緩和を行う必要があった。国際金融機関は、こうした発展途上国に公式に経済改革の目標を設定し、そのような目標に即した変革を促進させるためにしばしば金融規律を提示した。

インドにおける金融開放

外貨準備高が枯渇しはじめ、対外収支の着実な悪化に直面しつつあったインドでは、一九九一年、大規模な経済改革が開始された。インドは経済危機にあり、かつ非常事態にあると認識されたために状況は逼迫し、これまでの政策の大転換が迫られた。政府は、金融部門におけるさまざまな規制緩和を提示し、銀行に対して収益認識*や資産分類基準を定め、自己資本比率を高めるよう促し、さらに貸出金を含めた全金融資産の最低八パーセントにあたる額を株式として発行するよう指導を行った。銀行に関連した新たな政策には、財務報告の開示水準を高め、段階的に貸出利率と預金利率の規制緩和を行い、法定流動性比率**

＊どのような場合に収益と認識し、収益として計上するべきかという基準のこと。
＊＊中央銀行は市中銀行に、預金総額の一定額を流動性の高い資産で保有または運用することを義務づけている。

と預金準備率の引き下げなどを行う狙いがあった。預金準備率と法定流動性比率を引き下げることによって銀行の金融流動性を高めることが可能になったために、インド中央銀行は最終保証としての預金準備義務から開放された。こうした一連の改革の目的は、金融部門を強化し、銀行の不良資産を軽減し、資産収益性を高めるべく、銀行の投資先の構成を多様化することにあった。

インドにおける金融規制の波は、一九九一年の第一回金融部門改革委員会による勧告に従うものであったが、一九九八年の第二回金融部門改革委員会における勧告によってその流れはさらに加速化し、金融規制の強制力が強まった。第二回委員会では、リスク調整後の貸出を用いることで、銀行の自己資本比率のよりいっそうの強化がはかられた。本質的には、こうした措置はOECD主要一〇カ国によって統轄されている国際決済銀行（BIS）が提示している、国際的な自己資本比率としてのBIS基準を満たすために適用されることになったものであった。独裁的権力をもつ国際決済銀行は、発展途上地域の銀行に対して厳格なリスク算定を課し、貸借対照表の合理化をはかり、加えて銀行の経営状態を改善することを要求していた。

こうした政策によって、以前ならば健全かつ生産的であるとみなされ、融資を受けることができた脆弱な部門――小規模、中規模の工業部門もしくは貧困層――に対する融資は縮小していったと思われる。つまり、各銀行はさまざまなリスク・ウェイト*を乗じた基準に対応するために、資産は株式市場（証券市場）における売却価値に見合うものでなければならない、という枠組みが形成されるようになっていったのである。インドにおいて、そのようなリスク・ウェイトの基準は、保有する資産の種類によって異なっていた。リスク・ウェイトとして付与される水準は、政府証券もしくは政府認可を受けた証券にかかわるものが最低で二・五パーセントであり、政府による保証を受けている公共事業にかかわる証券については二〇パーセントであった。しかし、民間部門による貸出および発行される証券に関してはほぼ一〇〇パーセントのリスク・ウェイトが賦課されることすらあった。

インドにおける金融排除

規制システムの変化は、国内経済における保有資産や保有資産に付帯する信用資産の配分にもかなりの影響を及ぼしていた。新たな銀行規制はよりリスクに左右されやすくなる

*自己資本比率の算出に用いられる指標で、資産の安全度を示す。

規律であったが、銀行にとってみれば、政府債券に投資する一方で新規の貸出を手控えることによって、全体としてより収益性を高め、安全な経営を行うことにつながることになった。現在、インドでは、銀行は保険や証券などの取引に関連したノンバンク分野に進出しているが、ノンバンクを通じた取引による収益性ははるかに高い。さらに、自由化の枠組みのもとで外国銀行が進出してきたことによって、先進的な金融技術がすべての銀行に導入されるようになった。こうした変化は、銀行の雇用環境にも潜在的な影響を及ぼしている。また、このような規制の変化によって、当初の狙いどおりに銀行の不良資産の発生は急激に減少し、インドの銀行産業への投資家による信頼感が生まれた。

しかし、ここで強調すべきは、一連の規制改革とともに行われたインドの銀行再編成がもたらした影響は、銀行の経営だけの問題にとどまるわけではないという点である。不良債権の減少と資本充足比率の高まりがみられれば、いずれの場合にも銀行帳簿の貸方の勘定項目の構成が変化していることを示している。つまり、銀行は、政府債権を含むよりリスクの低い資産を好んで保有するようになるため、必ずしも株式を資産としてもつ必要がなくなる。やがて銀行はリスクの高い貸出を回避するようになっていき、ついには融資に見合う見返りが得られないとして、中小規模の企業や貧困層に対して貸し渋りをするようになっていくのである。

現在、インドでは、銀行の社会的責任として、銀行は総貸出額のうち最低でも四〇パーセントを、農業や小規模工業などの優先部門に優先的に貸し出さねばならないと義務づけられている。しかし、このような優先的な貸出についてくわしく検討してみると、経済的な合理性によっても社会的な優先度という面からも、いずれによっても正当化しえないような貸出が存在することが指摘できる。銀行から優先部門に向けて融資された優先貸出の詳細をみると、その約五分の二以上が小口の貿易商、自営業、小規模運輸業、住宅、教育ローン、マイクロ・クレジット*などに向けられている。つまり、こうした資金は中小企業に届いていないのである。

しかし、中小企業への融資は生産面から必要であるばかりでなく、中小企業への資金配分、さらには潜在的需要の喚起といった面、すなわち社会的重要性といった面からも必要である。だが、二〇〇〇年以降、小規模産業への融資は、対優先貸出比においても総貸出高比においても、断続的に減少し続けている。

＊担保となるようなものあるいは信用情報をもたない貧困層、小規模農民を対象にして少額の融資を行う一種の貧困対策。

このような傾向が生じた理由としては、その他の優先部門への貸出、たとえば一〇〇万ルピーを上限とした銀行ローンなどが、近年、大幅に増加しているためとも考えられる。さらに最近では、小口金融の増加傾向が同様に認められる。こうした優先貸出のうち五〇パーセント近くを住宅ローンが占めており、残りは耐久消費財の購入のため、クレジットカード、個人ローンなど消費者ローンに充当されている。自由化の枠組みのもとで、銀行の投資先が多様化したことは、じつは小売業分野における成長要因となっていたのである。つまり、投資先の多様化によって、銀行は伝統的な融資業務から、証券を含めた資産投資、あるいは個人融資へと業務の重点を次第に変化させていったためである。しかし、一方で、個人融資にかかるリスクは多様であるために、個人融資の増加は、銀行の資産の質に対して悪影響をもたらしたという研究結果も得られている。

金融部門における自由化によって貸出金利と預金金利の規制緩和が行われたために、脆弱で小規模な工業部門は銀行からの助成的な貸出を受けることができなくなってしまった。さらに一九九二年以降には、優先部門への貸出金利設定の自由度が高められた。銀行側は負担を軽減すべく、優先部門向け以外の金利を上げたために、優先部門以外の借り手に影響が生じた。なかでも小規模工業向けの貸出金利は、その他の貸出金利と比較しても、全般的に高く設定される傾向がある。

実際、ムンバイの銀行家たちは、小規模工業向けの貸出金利をインド中央銀行によって定められた、銀行に対するプライムレート*の一〇〇パーセント、もしくはそれ以上という高い利率を付加していることを認めている。たとえば、職人に対する貸出金利の加重平均は一三・二五パーセントであるのに対し、銀行に対するプライムレートは九パーセントから一二・二五パーセントの間にある。優先部門における不良債権は、ここ数年、低下している。しかし、実質値では、非優先部門における不良債権は優先部門の不良債権よりも低い値を示している。

金融改革という文脈で、議論の的となる問題は、銀行の統合である。銀行統合の問題は、小規模ビジネスや小規模農家への貸出に対しても影響を及ぼしている。そもそも銀行にとって、優先部門への貸出規制にあわせるよりは、政府債権への投資や大企業融資もしくは個人向け融資を行うほうが、銀行の利益に適っている。こうした理由から、銀行統合への動きが加速してしまうのではないか、という懸念が生まれている。つまり、銀行は、大

＊銀行により提示されるもっとも優遇された金利、最優遇貸出金利のこと。大企業などがこの利率の融資を受ける。

企業に向けた融資を行うために、要求される最低水準の経営規模を獲得しようと経営統合への動きを強めようとすると考えられるからである。

さらに経営統合によって、銀行のローカルな特色が薄められるのではないかという懸念もある。現在、そういった面からもっとも注目を集めているのが、インドステイト銀行である。インドステイト銀行は小さな町に支店をもち、地方と強力に結びつき、また地域に根ざした特有の営業形態などの強みをもっている。仮にインドステイト銀行が吸収合併されてしまったとしたら、そのようなローカル的な特色は失われてしまうだろう。

金融改革は、インドの金融機関に安定性を与え、銀行の資産の質を高めた。それは、ここ数年の銀行の不良債権が急速に減少したことにも反映されている。しかし、このような不良債権の減少は、小規模工業部門や貧困層のみならず、農村の営農家計への融資を停止したがために達成されたものである。投資に対する収益率を高めるために、銀行は農村部の支店営業を縮小し、既存支店の多くを閉鎖した。農村部の金融縮小が間接的に農村部の窮乏化につながっていることを、農村部の農家の状況は示している。

最近の全国標本調査の統計値によれば、現在、全インド農家のうち半数が多額の債務を負っている。その数値はそれぞれ、アンドラ・プラデシュ州では八二パーセント、タミル・ナードゥ州では七五パーセントとなっている。一エーカー以下の小規模土地保有層においてすら、その平均債務額は六〇〇〇ルピーから八〇〇〇ルピーといった額を下まわることはない。この額は、月間の総平均所得金額を大きく上まわる値である。さらに、農民が負う債務は、一九九一年の改革以降、増加傾向にある。統計によれば、小規模土地保有層の債務者比率は、一九九一年当時には二七パーセントであった。

債務負担が増大した最大の要因は、銀行から農家に対して融資が行われなくなったためである。農村部の農家が必要とする資金のうち銀行によって提供されている金額は、全体の約四分の一ほどである。その他、大部分の資金は、金貸し、友人、親戚などから融通されており、資金全体の三分の一弱が金貸しから、全体の約五分の一程度が、友人、親戚などからの借金となっている。公的でない債務の返済の利率は硬直的であり、この硬直的な利率が農民にとってさらなる負担となっている。近年の新たな農業技術の導入による投入コストの増大、たとえば特許権により保護されている種子一式、肥料、水利用権の価格上昇に対して、収穫物による収入は不安定である上に、低いコストで資金調達することは難しくなっている。農村部における自殺者数の増加は、悲しくも、農村の窮乏化というシナリオを証明するに足りる出来事である。

国際決済銀行によって提示された金融改革への道筋、いわゆるバーゼル合意*は、現在、曲がり角にきている。インドでは、金融の安定性と正義にかなう分配を達成する成長は、同時に達成できないばかりか、どちらかを重視すると片方がなおざりにされるというトレードオフ関係にある。このようなトレードオフ関係はインドの経済成長を特色づけ、将来、確実に問題化していくと考えられる。銀行側の「合理性」という論理によって、わずかなりとも生産に貢献している、あるいは投資価値のある経済部門が排除されてしまうのである。そのようなことは決して正当化されるべきではない。合理性を推し進めるということは、経済発展、すなわち人々にその恩恵を行きわたらせるための経済成長、といった道筋からますます離れていってしまうことを意味しているのである。

規制緩和された対外部門

金融改革は、発展途上国の対外部門の決済環境にも影響を与えた。なかでも、変動相場制という枠組み内における為替レートの管理と資本勘定の開放という二点において、非常に大きな変化が生じた。インドでは、国際収支（支払）勘定における経常収支上の国際決済は、一九九三年から自由化されていた。ここで自由化された決済とは、貿易、利息の支払・受取、移転（贈与など）、送金、ロイヤルティなどのことであり、これらの項目は政府の管理下から外されるようになった。こうした国際決済における規制緩和は、他の市場と同様、自由化原則に従い行われたものであった。

しかし、一国の経常収支上における決済は、資本勘定の中では、長期・短期の資本流入と外貨準備高を増減させることによって調整されている。発展途上国が資本勘定における決済を自由化するべきかという問題は、大きな議論の的であった。市場開放を支持する議論が湧き起こるのと同様に、資本流入の自由化を行うことによって、効率化による利益が期待できるという主張がなされるようになった。これは、資本の移動が自由になると、投資家はもっとも資本収益性の高い分野を選択した上で投資を行うために、生産性の面からもっとも適した箇所に金融資本が投入されるようになる、という議論である。

しかし、市場では、最適な選択が実現することはない。すなわち、現実と仮定されている市場効率性の原理とは、そもそも乖離しているからである。金融市場は不確実性に支配される面がとくに大きいために、投資対象としてのハイリスクの短期資産の収益性は非常

＊ＢＩＳ規制とも呼ばれ、二〇〇四年に公表。国際業務を行う銀行に対して課された自己資本比率の国際統一基準。

に高い。そのような金融資産から短期の利益を得ようとする資金が流れ込むと、キャピタル・ゲインやキャピタル・ロス*が生まれる。しかし、このようなキャピタル・ゲインあるいはキャピタル・ロスは、通常の国民所得勘定には計上されない。発行市場ですでに発行された株式や債券は、流通市場で売買されるために、ファンドの資金は流通市場において展開される。

こうして、短期の投機的利益を見込んだ株式・債券の取引が行われることによって、キャピタル・ゲインあるいはキャピタル・ロスが生まれるが、このような短期的取引は即座の新規投資に実質的に結びつくものではない。つまり、投機によって金銭的な利益は生み出されるものの、こうした投機は実物経済に対し貢献するものではない。ただし、二次的効果としてみれば、投機によって得られた損益が時間の経過とともに経済全体に波及していくことはありうる。

国内や海外の投資家に対して資本市場が開放されると、高い収益を見込んで、不確実性の高い市場の短期資本に資金が集中するようになる。実物部門に対する投資は、長期にわたって資本が拘束される上に、金融部門と比較すると得られる収益が低いために、投資家の長期投資への誘因は低くなってしまうのが通常である。もちろん、投資資金の流れは、流通市場における株式や債券価格や収益の変化と連動している。これまで述べたように、市場が流動的である以上、市場の本質として投機が発生する。つまり、価格が変動しない限り、売買によって利益をあげることはできないからである。つまり、市場の開放は、必ずしも実物部門に対する投資をもたらすものではないのである。しかし、金融市場の開放を主張する人々は、しばしばこうした問題を軽視する。

しかも、金融開放によって市場統合がなされるため、金融市場の一部が不安定化すると、その影響は他部門に及んでしまい、ついには一部の金融の問題が国内にとどまらず、世界中にまで波及してしまう。したがって、海外の投資家が投資を引き上げようと考えると、証券市場の暴落が発生し、外貨流出の危険が生じる。証券市場が急落すると外貨の流出と外貨準備高の急落が生じるが、外貨準備高が十分になく、外貨の流出に対応できない場合には、国内通貨の為替レートが下落してしまう。実際、一九九〇年代後半に起きたアジア経済危機は、このような証券市場と為替市場の暴落が同時的に発生することを証明した出来事であった。

＊債券や株式などの価格が上昇した場合に得られる利益がキャピタル・ゲインで、損失が生じた場合はキャピタル・ロス。

インドにおいては、一九九三年に外国機関投資家に対して資本市場が開放されて以来、証券流通市場では高騰が続いている。主要な証券取引所であるムンバイ証券取引所の一日の資金の回転高もしくは取引高は非常に大きく、おおよそ二〇億ドルから三〇億ドルが直物市場（スポット・マーケット）*で、約五〇億ドルから六〇億ドルが先物取引、オプション、スワップなどを扱うデリバティブ市場で取引されている。金融市場における不確実性は以前より大きく高まっているため、デリバティブ市場の取引は当然のように巨大化している。直物市場においてすら、新規公開株売り出し、もしくは発行市場で発行される民間の株式・債券の一〇倍もの取引高をあげている。また、つねに変動するようになった株式価格は、だいたい海外市場の動きと連動して変化している。政府による外貨準備高は健全な水準にあり、最近のインドは為替レートの上昇には見舞われていない。

海外直接投資などの資金流入に加えて、外国人機関投資家による短期資金が流入するために、政府の外貨準備高は順調な増加をみせている。現在のインドの外貨準備高はおおよそ一八五〇億ドルであり、これはインドの平均月間輸入額の九カ月分以上に相当する額である。要素所得**に属さない海外からの所得受取――ソフトウェアの輸出による収益が主である――に加え、海外からの送金――そのほとんどが中東における労働者からの送金である――の受取額は、いずれもインドにおける海外資産にかかる利息やロイヤルティの支払いを賄うには十分な額となっており、経常収支の赤字を補填するために、外貨が流出していくような事態は最近は生じていない。

しかし、ルピーの交換レート保持のために外貨準備が使用される事態は時折起きており、資本流入が増加した場合、外貨準備高を増加させ、資本の流出によってルピーの交換レートが下落した場合には外貨の一部が売却されている。つまり、インド中央銀行は、ルピーの交換レートを操作することによって金融危機の回避を行っているのである。実質価格においては貿易競争力を反映した値に保ち、名目価格については外国人によって保有されているルピー建ての金融資産を安定化させるような値に保っている。このようなインド中央銀行の優れた通貨管理能力と外貨準備高の増加によって、目覚ましい成長を遂げる「新興経済」としてのインドのイメージは確固たるものになった。

＊即日～数日内に現金による決済を行う商品取引市場あるいは外国為替市場のこと。
＊＊海外在住の自国人が海外で生み出した付加価値のこと。海外在住の自国人からの送金などがその代表例。

インドにおける金融フローの再編

インドの金融開放によって、インド国内はもとより、国際間における金融フローの再編成が起きている。対外部門の取引には民間資本流入の急増が反映されており、そのような民間資金には、株式・債券の流通市場で外国機関投資家によって投資された多額の短期資金が含まれている。しかし、そのような短期資金は、海外の投資家によって突然に引き上げられてしまう危険がある。また、短期資金は株式価格や取引高の頻繁な変動に影響される。これは金融システム特有の問題である。証券市場で不安感が高まると、政府による外貨準備高は急激に枯渇し、引き続いて自国通貨が下落するために、金融市場も同様に不安定化してしまう。さらに、金融市場の規制緩和によって金融資産の購入が容易になり、しかも金融資産はより儲けを出しやすい資産になったために、株式市場（不動産収入の場合もある）からあがった「ホット・マネー」*は、金融資産の購入に振り向けられるようになった。しかし、このようにしてあげられる収益は、実体のある資産によって直接生み出されているものではない。つまり、かつてケインズが「アニマル・スピリット」**と呼んだような、手早く儲けを出そうとする、こうした誘因によって、将来において経済成長をもたらしうる生産的な投資が阻害される恐れがあるのである。

金融市場自由化の別側面として、国内における資金の分配にかかわる問題がある。これまでに述べたように、金融市場の開放によって、インドの銀行はより収益性の高い部門への投資を増加させている。しかし、一方で、金融開放によって、銀行の格付けに応じたリスク管理基準に満たないという理由から、多くの借り手が金融から排除されている。このような金融の偏りは、国内の経済的不平等を拡大させる要因となっており、同時に、金融部門以外の経済部門における高成長の可能性を妨げているのである。

結論

市場は、今日のグローバリゼーションの主要な媒介主体となっている。経済成長が市場の効率性によって達成されるという主張によれば、グローバリゼーションの積極的な側面

＊為替差益など、超短期あるいは短期の利益をあてこんで国際資本市場を移動する資金のこと。外国人機関投資家の投機筋とも呼ばれる。

＊＊イギリスの経済学者ケインズは、経済活動は合理的動機のみならず、合理的な根拠をもたない心理状態によっても影響されると考えた。一般的には将来の収益に対して過大な期待をもつような心理状態を指す。

は市場を介して、徐々に浸透していくとされている。しかし、多くの発展途上国では、そうした市場の能力は発揮されていない。実際、経済成長を達成したのは、ほんの一握りの、一部の国だけであった。つまり、多くの国にとっては、さらには多くの国々に住む大部分の人々にとっては、市場主導によるグローバリゼーションによって恩恵がもたらされることはなかったのである。

4

技術革新の波及力

——経済発展への自動装置になりうるのか？

二〇世紀後半以降の世界は、技術進歩の大きな舞台となっており、二一世紀前半の世界もそうなるであろう。近年の技術進歩のペースは非常に速いため、過去に重要視された技術と比較することは困難である。しかも、人の記憶は風化しがちであるために、過去の技術進歩の経験は軽視されがちな傾向にある。

近年、抜きん出た技術革新は即座に世界を席巻する。そのような技術革新の影響は、情報通信技術をはじめとして、分子生物学や輸送分野に関連する新技術、発電、建設などさまざまな分野に及んでいる。技術革新によって、従来の方法にかわって新たな生産方式が導入され、新世代の製品が生み出されている。製品は高度化し多様化した上に、新技術が導入されたことによって、消費者にとっては、さまざまな高品質の製品で選択の幅が広がっている。さらに、生産者にとっては、より洗練された生産技術を選択することが可能になり、きわめて多様な生産材料を投入して生産するケースが増えてきている。

しかし、実際の話はそう単純ではない。新しい技術がもたらされるということは、必然的に新しい技術が過去の技術に取って替わるということであるため、新技術が導入されると、生産のために使用される材料や労働力などの構成要素は変化する。したがって、使用される技術が変化すると、生産のために投入された労働・資本比率は変化する。つまり、技術によって、労働の代替化が推進されるのである。

新技術による影響

分配面*に対する影響を重視すれば、技術は決して中立的なものとはいえない。この問題は、貿易の事例と同様である。本章では、新たな技術が提供された場合に生じるさまざまな影響についての議論を行う。新技術がもたらす影響は、国によって異なる上に、それぞれの国内の個人によって異なるためである。

国家間の非対称性

発展途上地域にある国々は、先進国と同じように新技術を受け入れ、導入する能力を必ずしも備えているわけではない。高い技術を用いた生産方式を実際に採用するには、コストが多額になりすぎてしまい、発展途上国がそうしたコストを負担することは困難になっ

*ここでは技術に対する使用権利がすべての国々や人々に等しく行きわたっているか、技術による恩恵が国々、人々に行きわたるのかという意味で使用されている。

てしまうためである。今日、技術のうち企業や法人などにより開発された部分は自由に移転されることはない。後に指摘することになるが、こうした現状は、成長理論研究が前提とするいわゆる「内生的成長理論」モデルとは異なるものである。

技術が外部企業・法人の一部門によって開発された場合には、WTOによる取り決めのもと、TRIPs協定に規定されている多額の使用料の支払義務が技術に対して生じる。製品の特許を保証するこのような規律によれば、発展途上国の消費者も、特許権で保護された製品について多額の使用料の支払いを行わねばならないと定められている。こうした規律によって、途上国側は、そうした技術を用いた製品には多額の使用料を支払わねばならず、途上国の国内技術を用いたり、国内の原料調達価格で生産することもできなくなっている。基礎的な医薬品の生産あるいは輸入に関しては、WTOの枠組みのもと強制実施許諾制度の適用に対する例外的措置が認められている。しかし、このような例外的措置があったからといって、知的財産の権利を保護することを目的としたWTOの枠組みにおける相対的な非対称性*が揺らぐわけではない。

これまでにも言及したように、新しい高度な技術のほとんどは、先進国の巨大な企業・法人内における研究によって生み出されたものである。そのような技術は通常、先進地域内においで特許保護を受けており、しかも、そうした特許の登録先はＥＵ、アメリカ、日本といった、三大先進地域の中に限られたままである。しかし、発展途上国では、補助金による特許権の保護はなされていない。これは、工業政策の戦略を重視する先進国側の理由と、技術革新を必要としながらも十分な科学設備を有さない発展途上国側の双方の理由によるものである。

発展途上国における国家的科学振興政策の欠落

研究開発支出を増やし、民間企業における技術革新を促進させるための国家的な科学振興政策の役割について、ここで触れておきたい。国家的な科学振興政策は、歴史的にみても、先進国の工業化過程において重大な役割をはたしている。しかし、発展途上国においては新自由主義的な空気が蔓延しており、国家をあげて国家的な科学政策を実現しようとする動きは後退しつつあるのが現状であり、後発工業国家が自力で技術革新を推し進める可能性は低下しつつある。さらに、そのような国家的な科学投資は、近年では行われにく

＊ここでは、先進国に有利な枠組みのこと。

くなっているのが現状である。国家が自由に利用できる資源が限られていることや——財政的制約によって科学投資は収縮せざるをえない——、グローバリゼーションにともなう民営化とともに企業の合併・買収の波が押し寄せているためである。さらに、WTOが法的な制裁措置をとることが可能になったために、WTOの枠組みのもとでの新たな特許保護の仕組みは、発展途上国の国内産業の研究開発努力に悪影響をもたらしており、国内産業が研究開発に振り向ける費用は低下傾向にある。

中間技術に何が起きたのか?

発展途上国にとっては、特許権で保護された技術を購入することが、コスト面で効率的な最適の策になるとは限らない。グローバルな市場から特許によって保護された製品をその市場価格を通じて購入する余裕を発展途上国は十分もってはいないために、発展途上国の現地企業がそのような製品を購入することはなおさら難しくなっている。技術の特許権問題は、国にとってその技術が「受容可能」な技術なのか、もしくは「中間」技術なのかという問題に直面することになる。先進的な技術に対して市場を開放し、市場と後発参入国とを結びつけることによって、先進諸国に追いつけるとする考え方もあることは事実である。

しかし、技術移転が行われる場合、もしくは技術移転がなかったとしても、慣行によって途上国側はＴＲＩＰｓによる製品特許の規律に直面することになる。通常、発展途上国内の企業は、海外企業に対しては、完全な、あるいは対等の発言権を得るには至っていないため、先進的技術の使用にかかわる企業の能力と機会は当然ながら不平等なものとなっている。さらに、発展途上国の生産部門は、大規模ビジネスがやってくれば吹き飛んでしまいそうなほど小規模であったり、さほど恵まれていない環境にあるために、発展途上国側は強力な大規模ビジネスや、海外資本が大規模な新規企業を立ち上げて参入してしまえば、それに抵抗するだけの有効な手段をもち合わせてはいない。

発展途上国内における非対称性

このように新技術には非対称性という問題が内包されている。とりわけ、発展途上国の状況をみれば、国内の個々の製造者と消費者によって、新技術に対する利用能力や利用機会は不均等であり、そうした不均等な技術についての問題が生じている。これまでにも指摘したように、技術の排他的利用を保護するための特許権を保証する新たな枠組みのもとでは、技術を使用するためには多額の費用がともなう。さらに、生産過程に新たな技術を適用する場合には、生産方式が変化するために、技術によってさまざまな影響が生じる。本書では後に、インドの農村で起きている事例を取り上げ、農業部門において特許権により保護された生産資材（種子、肥料等）を採用したことによって生じた深刻な諸問題に対する議論を行いたい。

サービスや工業生産など他の側面においても、さまざまな変化が生じつつある。高品質の生産財を生み出す能力が高まるにつれて、工業生産や提供されるサービスの構成は変化していく。しかし、そのような新たな生産物のうちの大部分は、平均的な消費者の購買能力を超越している。グローバリゼーションによってハイテクによる「情報格差」が出現したが、発展途上国の多くの人々は、とりわけ貧困層は、そうした新製品の負の側面に直面している。グローバリゼーションは多くの人々を置き去りにするものであり、こうしたグローバリゼーションの暗黒面は、ともすれば技術進歩によってもたらされたものとも言える。

技術革新による利益の対立

仮に発展途上国が技術革新を利用する機会あるいは利用する能力が乏しい場合に、途上国は新技術の導入による利益を得ることができるのであろうか？　また、技術は発展途上国の経済発展の助けとなるのであろうか？　この二つの疑問に答えるためには、技術発展による恩恵の分配過程、すなわち技術発展による恩恵が発展途上国内の異なる所得階層に対してどのように分配されていくか、という点に対して考慮する必要がある。

グローバリゼーション下において国内市場が統合され、開放されていくにつれて、原則的には、市場を媒介とした技術による利益は可能なかぎり多数の人々へと行きわたるようになった。発展途上国において、そうした技術による利益の影響がもっとも典型的に現われている部分は、安価で多くの人によって利用されている新たなコミュニケーション手段——その重要度から順に並べると、携帯電話、テレビ、コンピュータ、インターネットとなる——としての情報通信技術である。

もちろん、こうした技術による利益は下層の人々には届かず、下層の人々は貧困のために、生存に直接かかわらないこうした設備や手段を利用できない、いわば情報から阻害されているともいえる状態にある。しかし、近年の情報技術の進歩によって、中間層の生活様式のみならず低所得層の生活様式も同様に、一〇年前と比べると全般的に変化しつつある。旅行、食品産業、健康産業、生活関連商品などは、今やブランド化され、洗練された商品となっており、先進国市場で流通している商品と遜色ないものが入手できるようになっている。これまでにも述べてきたように、医薬品は、製品特許によって商品ごとにブランド名が付与されており、市場で確固たる位置を築いているが、このようなブランド医薬品は先進各国に経営の本拠をもつ有名大製薬資本の系列会社によって製造されている。こうしてブランド化された製品には、ブランドに応じた価格がつけられることで、多くの国々に流通していく。

技術革新によって、発展途上国においても専門知識・専門技術を有する者にとっては、自国、海外を問わずに、職業選択の幅が広がっている。技術革新によって専門知識・専門技術を有する人々を安価に活用することが可能となったために、自国よりも安いコストを追求する海外企業は、アウトソーシングを活発に利用するようになった。アウトソーシングが拡大したことにより、インドではコンピュータを少々かじった程度の知識でも、学位証明書をもってさえいれば、一月四〇〇〇ルピー（約九〇ドル）程度の給料で、コールセンターで働くことができるようになった。長時間仕事に拘束されることを考えれば、こうした給料体系はあまり魅力的なものには思えない。しかし、インドの家庭の事情を勘案すれば、多くの若者がこのような半熟練のホワイトカラーとして就業する機会を得られるようになったということは、今までにない新しい出来事であった。

一方で、先進国にある企業は、地球の裏側で、今や過去に経験したことのないようなコスト削減の好機に直面している。だが、このようなアウトソーシングの進行によって、富裕な国々でも専門知識・専門技術のない労働者の職が失われるのではないかという懸念が新たに生じており、グローバリゼーションのもつ強欲的な側面によって、貧困層が不利益を被るという問題が富裕な国々においても同様に表面化しつつある。

情報化革命によって、電子化された商品を低廉な価格で、大量に生産することが技術的に可能になった。携帯電話やケーブルテレビのチャンネル視聴などがその好例であり、どちらも多様化した人々の暮らしの質を大きく高めている。しかし、発展途上国では、生存ぎりぎりの貧困状態にあるような人々に、このような通信手段が行きわたることはない。技術の利用状況は、多種多様な条件によって異なっているのが一般的であり、先進国においても発展途上地域においても、所得階層が異なれば技術の利用能力あるいはその機会も異なってしまうという問題は同様に起きているのである。

技術は公共財か？

本書は、最近の数十年における技術進歩の非対称的な影響について検討を重ねた上で、技術を自由に利用可能である「公共財」として取り扱う新自由主義的な信仰に対し疑念を呈している。新自由主義的な経済理論では、技術が公共財とみなされる論拠は成長モデルの変量の取り扱いにある。理論上、技術は商品の貿易を行う際の一要素であり、技術は商品とともに自動的に国際移動を行い、「組み込まれた技術」として透過的に国際移動を行う。つまり、新しい成長理論では貿易と技術と成長は相互に密接に関連しており、貿易と技術が成長の要素として扱われている。

古典的な成長理論では、後発国家では資本蓄積にともなって資本生産性が鈍化することがないため――通常は蓄積にともなって資本生産性は鈍化するが、後発国家ではそうした収穫逓減による資本生産性の鈍化は問題にならない――に、経済成長に追いつく速度は、資本生産性がすでに退潮している先発的経済発展をした先進諸国よりも速くなるとされている。しかし、新しい成長理論によれば、成長経路上*のある一点で、国の経済は「収束**」

するという原理が主張されている。さらに、新しい成長理論では、技術は海外直接投資の主要な構成要素であるため、海外直接投資が行われると同時に投資国から被投資国に対する技術移転が自動的に行われる、という主張がなされている。

成長理論の新たなアプローチ、いわゆる内生的成長理論の立場での特徴的な点は、技術は成長過程において投入財として扱われており、さらに成長は経験によって得られる（「学習効果」と呼ばれる）とされている点である。この理論においては、成長は内生的なプロセスとみなされている。したがって、成長は個々の経済主体の技術の集積能力と技術の集積機会に依存するために、国家間、企業間の成長の速度は必ずしも一様ではない。つまり、内生的成長理論によれば、技術の後進性や成長の停滞は、技術の集積によって規定されると説明されている。さらに、この新しい成長理論では、歴史的な経緯の違いによって、国ごとに異なる技術集積がなされるために、技術や成長の国家間の格差が生じるという見方が示されている。

＊ここで著者が意図しているのは、内生的成長理論の「均斉成長経路」である。資本、労働、財が同じ割合で大きくなる、つまり一国の経済がバランスのとれた成長を続ける過程のことを指す。
＊＊内生的成長理論では、長期的には資本・労働比率が一定で持続する状態に落ち着き、その後の経済成長率は人口増加率と技術進歩率に依存した経済成長をはたす、という主張がなされている。

世界は平らになったのか？

グローバリゼーションの新時代を迎えた現在では、世界人としてのグローバライザーによる著名な文句である、「世界は平らである」というような印象をもつ人もいるであろう。また、これまでの議論によれば、技術は、出遅れた国々や人々にとって遅れを取り戻すための架け橋となるために、世界を平らにするための重要な主体となる。しかしながら、想定上では、世界は普遍化され一様になったであろうが、それは現実の世界とはほど遠いものである。グローバリゼーションとグローバリゼーションに付き従う市場と技術によって、世界中の人々に等しく機会を与え、なおかつ人々に可能性を与えるための自動的な道筋を構築することなど、不可能なのである。

右に述べたような成長理論では、成長段階における技術の役割についての理論的な基礎が与えられている。しかし、理論と現実を連結させてみれば、そうした理論は論拠として不十分である。古典的理論、新しい理論（内生的成長理論）、いずれの理論においても、二点の仮定、すなわち完全競争と情報は自由に利用可能であるという仮定がおかれている。しかし、このような仮定を受け入れることはとうてい不可能なことである。どちらの理論においても、技術はすべての人々が無料で利用できるものとして取り扱われている。しかし、技術をこのように無料で自由であるものとして扱う立場は、制度的な見地から認めることはできない。制度上、特許権を有する企業が独占的支配力を行使することが可能であり、さらにはTRIPs協定によって製品特許規制がかけられていることによって、技術移転には制限が課されているためである。

つまり、知識の普及と技術移転を阻害するものは、特許権とライセンス保護であるという本質を、基本的な事実としてわれわれは認識する必要がある。特許権を保護することによって技術革新が促進されるという主張がある。しかし、そのような議論を支持するための十分な証拠などはなく、特許権保護と技術革新についての議論はいまだに決着をみていない。先進国の大企業がハイテク分野の技術革新を行い、その技術を公表したとしても、国によって技術の受容レベルは異なるために技術は自動的に普及しない、あるいは技術移転が起きないなどといった問題が生じている。受け入れ側の国々、あるいはそうした国の工業レベルが、そのような技術革新に対応する能力を十分にもたないためである。さらに、国家的なインフラや社会的支出が十分な水準にあり、新たな技術を受容するだけの取り組み体制をとることで技術の受容に対する必要な初期条件を満たしていたとしても、多くの国々にとって、新技術が高価になりすぎているために、経済的に新技術を採用することができない、という事態がしばしば起きている。なお、ＴＲＩＰｓによる製品特許規制のもとでは、各国固有に発展した技術を用いて、同じような製品を模倣して製造することは認められていない。

経済発展のゆくえ

技術を自由な公共財として扱いながらも、特許権を保護することによって技術革新が促進されると主張する主流派的な理論と政策に対して、本章では大きな疑問を投げかけた。技術革新の多くは、先進国に本拠をもつ巨大な多国籍企業によって生み出され、特許権保護を受けていることは自明である。仮に発展途上国が、自前で新技術を開発したとしても、このような新技術はＷＴＯの製品特許保護規律のもとで国際的な厳しい審査の目にさらされる。しかも、発展途上国で利用可能な、もしくは中間程度の技術を用いることで、まったく異なった過程を経て技術革新を行い、類似的な製品をつくり出したとしても、こうした製品の生産は新たな特許法体系では決して認められないのである。

これまでの議論で明らかなように、市場と技術革新という二つの要素と新技術は、すべての国々において、さらには国内全体に経済的な機会を必ずしも開くわけではない。発展途上国でより高い経済成長を達成しうるような機会を仮に得ることができたとしても、それは経済発展という見地、すなわち民衆を中心とみなし、経済成長のみを重視しない見地からみれば十分とは言えないものである。本書において重要な問題は、現在のグローバリゼーション時代において、経済成長とは経済発展と同列に評価できるようなものであるか、ということを明らかにすることにある。その点についての検討は、次章に譲ることとしたい。

5

経済発展なき経済成長

——問題を看過してよいのか？

本書におけるこれまでの分析で証明された点は、グローバリゼーションは二つの顔をもつということである。あたかもローマ神話における出口と入口の扉（イアヌア）の神、ヤヌスのように、その始まりから終わりまで、グローバリゼーションは一つの頭に二つの顔をもつ。グローバリゼーションのそれぞれの顔はまったく反対方向を見つめているが、その視線の先は経済発展の途上にある国々に向けられている。

一方の顔は、グローバリゼーションの進行過程において、特定の集団のみに膨大な機会が開かれる中で繁栄を謳歌している。また他方の顔は、経済発展途上の国々で多くの人々が貧困に苦しみ、生存を確保するのがやっとの状況から脱することができないままでいる。多くの人々は収奪され阻害されることにより、生存を確保するための苦しみが幾重にも折り重なっている。

発展途上地域の中でも高い成長を遂げている国においてすらもこうした状況が顕著になっており、「経済発展なき経済成長」が現実のかたちとして現われうることが裏付けられている。当然ながら、グローバリゼーションによって開かれた機会に満ちた世界は、大部分の人々からみればあまりに遠い世界としてあり続けているのだ。

経済成長と経済発展の対立

現在進行しているグローバリゼーションの波によって利益を受ける人々と、グローバリゼーションによって不利益を受ける人々との間に不平等が生まれている。こうした不平等の存在は、これまでに本書で述べてきた論点である、経済成長と経済発展の間の対立的な本質を浮かび上がらせている。

経済発展とは、そもそも多面的なものであるために、国内総生産（GDP）の変動のみによって測られる経済成長とは異なっており、またそのような経済成長を表わす公式な統計値のみによって、経済発展の本質を捉えることはできない。経済発展とは本質的に民衆にかかわるものであり、国民国家における経済と政治の多様な側面を含めて、あらゆる面から評価せねばならないという事実を、われわれは認識せねばならない。

当然ながら、人々がその中で暮らしながらかかわっている経済成長から経済発展へと向かう段階を、一国のGDPによって計測される経済成長を示す諸変数によって表わすことは不可能である。これと同様の理由により、一国における一人当たりGDPも、そうした経済発展を表わすためにはきわめて不十分な指標である。一人当たりＧＤＰという指標では、生産物の分配を示すこともできなければ、人々に質的な要素がどのように行き届いているかということを測ることすらもできないためである。

経済成長と経済発展の間になんらかの関係があるならば、それは「トリクルダウン」に立脚することによって示されるものとは異なるものであろう。経済成長と経済発展との間に良好な関係が生まれるためには、一定の条件が必要である。すなわち、経済成長が民衆中心的なものであり、経済成長によって物質的な利益が得られるだけでなく、文化・交流・環境などにとって経済成長が新たな地平を開くものであり、さらに最大多数の人々にとって可能なかぎりの政治的自由が保証されるような場合にのみ、経済成長と経済発展は同時に達成されるのである。経済成長と経済発展の向かうべき道筋を、同じ方向に収斂させるためには民主主義が実現されることが必要不可欠であり、民主主義のもとですべての人が「社会市民」として扱われ、「政治的市民」として地位が確立されねばならない。

第二章では、市場の開放によって効率性が達成されることにより経済成長が達成されるという、新古典派による主張を批判した。現在の世界においては、自由主義的なイデオロギーが主流となっているために、市場の自由化を通じて自由主義的な政策目標が達成されやすくなるという点に、グローバリゼーションの利点を大いに見出そうとする潮流がある。成長による効果は広く浸透し、拡大する。古い言い方を使えば、「トリクルダウン」効果によって、経済全体に経済成長の効果が波及していく。効率化によって成長を達成しようとする推進力として主要な役割をはたしてきたものは、グローバリゼーションにとって不可欠な二本の柱である。この二つの柱とは、これまでにも言及してきたように、市場開放と技術進歩である。

なおここで、読者には、貿易と技術は分配面における問題をたぶんにはらんでおり、加えて貿易と技術にかかわる分配上の諸問題は、国際問題であるだけでなく国内問題でもある、という点を再び思い起こしてもらいたい。

自由貿易による不平等

本書は、公平な見地から、自由化された市場の限界について指摘を行ってきているが、そのような市場において、国家間の貿易から得られる利益が国々の間で等しく分け合われるとする多数派の主張に対しても疑問を投げかけたい。富裕な国々と富裕でない国々では、国家間の貿易の流れ（商品やサービスの取引）がもたらす影響は等しいものにはならない。こうした国家間の格差は、技術革新や国家間の技術移転において生じる問題とまったく同様である。いわゆる自由市場が展開されたにもかかわらず、グローバリゼーションの時代においても、このような事実は依然として残っている。

しかし、仮に貿易が国家全体にとって互恵的なものであったとしても、あまつさえ貿易の結果一方的な利益にとどまったとしても、自由化された市場においては、貿易の影響は国内で生活を営む各個人にとって等しく及ぶものではない。つまり、自由貿易による不平等は国家間の問題であるだけではなく、各国の国内にも影響を及ぼしているのである。貿易の開放と貿易の自由化（商品、サービス、金融、労働市場の自由化）による利得と損失は、それぞれ人々や企業ごとにまったく異なるかたちで、不平等に分配されている。

貿易の開放と市場の自由化によって、大企業はコスト削減を行うことが可能になった。原材料の輸入を国際的な価格で行い、流動化した労働市場から低廉な賃金コスト負担で労働力を確保することができるようになった。さらに消費者は、輸入された消費財を手に入れることができるようになり、あるいは、これまでローカルで生産されていたものと同じようなものを、国際価格の水準で入手することが可能になった。しかし、このような利益にあずかることができたのは、こうした機会を大いに享受しうる地位にある、特定の企業集団や恵まれた消費者であった。

一般的に貿易が開放されると、貿易財（輸入財および輸出財）を受け入れる追加的な市場ができる。しかし、その一方で、これまでは国内ローカルで生産されていた製品は、貿易財によって取って替わられてしまう。したがって、国内ローカルの生産者は国内の市場における競争はもとより、海外市場においても、このような貿易財と競争しなければならない。したがって、そのような国内ローカルの生産者が市場から利益を得るためには、生産物の組み替えを行わねばならなくなる。さらに、国内の市場には通常、外国企業の系列子会社をはじめとする大企業が生産者として参加しており、そうした外国系の企業は、国内において国内市場向けの高品質製品を生産するだけではなく、投入財の生産までも行っている。

一方で、貿易の開放によって利益を得ることができる消費者は限られた人々である。貿易の利益を享受できるような消費者は、当然、余裕のある人々である。そのような人々は、今までになかったような贅沢な輸入製品を購入でき、あるいはその国にとって新しいライフスタイルをもたらすような製品を購入することができる。こうして限られた消費者と生産者だけが、主に情報通信技術を媒介として、情報、旅行、文化や交流などというグローバリゼーションによって新たに開かれた世界の眺めを手に入れることができるのである。今日では、旅行や生活やビジネスについてのさまざまな情報を共有することがほぼ可能になり、最小のコストで最大速度の通信を行うことが容易になり、外国文化を吸収することが可能になるなど、今までにはなかったあらゆる機会が開かれている。しかし、多くの国々で大部分を占める人々にとっては、このように新たに開かれた領域は閉ざされたままなのである。

市場主導の改革の成果である貿易面のグローバルな機会は、発展途上国に対して平等に与えられることはなかった。これは途上国内で新たに開かれた経済的な機会が不平等であったこととパラレルに対応している。

本書では以下において、近年のグローバリゼーションの波がもたらした発展途上国経済の生産と消費パターンの構造変化について議論を行う。グローバリゼーションがもたらしたものは一部の人々にとっては有益であったが、経済の効率的な再編成という名のもとで、その他大勢の人々はかえってその利益から阻害され、周辺に追いやられてしまった。このような力によって、ごく限られた特定の人々のためだけに明るい見通しと成長に満ち溢れた世界がつくり出された。しかし、大多数の人々にとっては失望と不満に満ちた世界がもたらされただけであった。

経済成長と経済発展の間のミッシングリンク

インドのケースより

冒頭で触れたような、経済成長と経済発展の間のミッシングリンクの存在は、とくに高い成長率を達成している成長国家一般では明白なものとなっている。インドや中国のようにGDPの成長率が八パーセントから一〇パーセントを下まわらないような高成長経済において、基礎的な経済発展指標（人間開発指標）は、経済成長とはまったく対照的に人々の置かれた厳しい状況を反映している。

経済発展と人間開発の度合いを表わす二〇〇五年の諸統計値によれば、インドにおいては、出生時平均余命は男性では六三歳、女性では六六歳となっており、二〇〇〇年の乳幼児死亡率（五歳未満の幼児）は一〇〇〇人当たり一七人、二〇〇二－〇三年では、母親死亡率（一万人の新生児出産当たり）は三〇一、熟練した保健師が立ち会った出産は四三パーセント（一九九九－二〇〇三年の間の平均）、成人識字率は男性で六八パーセント、女性で四五パーセント、さらに全体の識字人口は全インド人口一〇億人のうち、約三億八一〇〇万人となっている。

当然ながら、複合的な指標にもとづいた人間開発面におけるインドの順位は低い。国連開発計画（UNDP）による二〇〇五年の人間開発指数（HDI）でインドの順位は、全世界一七七カ国中の一二七位であった。インドのジェンダー関係の開発指標も九六位と低い。ただし、バングラデシュ（一〇二位）やパキスタン（一〇五位）、ネパール（一〇六位）などの近接国家と比較すれば、インドのジェンダー指数は相対的に高い。

絶対的な貧困指標によれば、インドの人口のうちおおよそ四四パーセントが一日一ドル以下で生活しており、八六パーセントが一日二ドル以下で生活していると推定されている。なお、現時点（二〇〇七年）における一ドルの為替レートは約四五ルピーとして考えてもらいたい。近年、全国農村雇用保証制度によって一日の最低賃金が六〇ルピーに制定されたが、最低賃金よりも一日の収入が低い者の数はインド人口の約半数にのぼっている。HDI指標におけるインドの順位は、いみじくもバングラデシュやパキスタンと近い位置にある。しかし、同じく南アジアの近隣国家であり、社会的に密接なかかわりをもつ政策を行ってきた歴史をもつスリランカのHDI指標と比較すると、インドのHDI順位はきわめて低い位置にある。

インドにおける雇用なき経済成長

高い経済成長と低調な経済発展というシナリオの異常さは、増加する最終生産物と雇用の伸び悩みという関係性の中にもっとも色濃く反映されている。今日のインドで蔓延している事態とは「雇用なき経済成長」である。最終生産物の成長率は八パーセントもしくはそれ以上という、いまだかつてない高い成長を見せたが、そうした高成長と農村部と都市部双方における膨大な失業と貧困の存在は好対照を示している。こうした状況は分配面における経済成長の限界を表わしており、雇用の増加など基本的な機会が人々に分配されていないことを示している。公式統計では過小に見積もられているものの、二〇〇四－〇五年の最新の全国標本調査によれば、一五歳から六〇歳の就労年齢の労働力のうち三・六パーセントが失業状態にあると推定されており、同年の公式統計による失業者数は一三一〇万人である。なお、失業者の推定の根拠となる人々の「通常状態」は、過去一年の就労状態によって定義されるため、統計には、労働の季節変動や多様な求人形態は反映されていない。

実際問題として、インドにおける雇用の成長率は、近年、下落傾向にある。改革前の時期にあたる一九八三年から一九九三－九四年にかけての年間雇用成長率は二・七パーセントであったが、一九九四－九五年から一九九九－二〇〇〇年の間の年間成長率は一・〇七パーセントとなっている。なかでも、もっとも大きな下落を見せたのは農業部門である。同時期における農業部門の雇用の成長率は二・二三パーセントから〇・〇二パーセントにまで下落した。農業部門には、インドの三分の二、もしくはそれ以上の労働力が集中しているが、その成長率は、二〇〇五－〇六年度の上・下半期を終えた二〇〇六年三月でも一・五パーセントときわめて低い値であった。一方で、二〇〇四年一月から六月にかけての第六〇回全国標本調査にもとづく統計によれば、常勤の労働者のうち、男性は六六パーセント、女性は八四パーセントが農業部門に従事していると推定された。

近年、大都市の周辺を中心として急速な都会化が進行したにもかかわらず、インドの人口のうち七五パーセントはいまだに農村部に居住しており、農村における貧困という病苦はより拡大したような印象すら受ける。農業部門では、生産物の増加に対応する雇用の変化分（生産物の雇用弾力性のこと）はかつて〇・七であったが、近年ではゼロにまで落ち込んだ。とりわけ新しい作物品種の導入によって、農業部門の労働需要が低下し、結果として農業生産における労働集約性が低下しているという事実が背景にある。したがって、農業の雇用弾力性の低下にも、労働集約度の低下現象が反映されていると考えられる。

生産面を示す農業部門の最終生産物の低成長に加えて、近年では農業によって生み出される雇用はきわめてわずかなものである。さらに、農地に生活の基盤をおく人々は、それ以外にも、主に市場によって引き起こされる、肥料や水といった投入物の高騰や、外国から自由に輸入される補助金漬けの作物との競争などといった問題に直面している。

膨大な自営業者とは

公式統計に現われているように、農業部門における雇用が少ないものの、大多数の人々の生活の拠点は農地におかれている。これは一見矛盾しているようであるが、驚くべきことではない。つまり、農村部の大部分の人々は、公式統計では「自営」として扱われているからである。全国標本調査の推計によれば、農村部では男性は五七パーセント、女性は六二パーセントが「自営業」として分類されている。このような分類は、人々がどのような職種についているか明確に表わすものではないために、経済的な観点からすればもっとも望ましくない定義である。

そのような人々によって管理される経済資源は、生存を確保するにも十分でないことが多いので、彼がつねに「自ら営業」するだけの経済資源（資本とその他の投入物）を有している可能性は低い。貧困が蔓延する農村部で、どれだけの人々が「自営業」を行うに足る経済資源を集めることが可能なのであろうか。さらにはどれほどの人々が「自営業」によって報酬を得ることができるのであろうか。何百万人もの農民が農地をもたないばかりか、農業や農業に関連するさまざまな職業で、手作業を行う以上の技術や経験をもたないことなどはいうまでもないことである。そのような部類の人々にとっては、生存水準を確保する手段すらも不安定になっている。こうした事態を反映して、農村部では農民の自殺者数が増加している。農民の自殺増加は、そうした陰鬱な現実を残酷なまでに証明しているといえよう。インドにおける農業は、農村部の人々のライフラインではあるものの、農村地域への公共支出は削減され、一方で都市部では雇用機会が不足しているために、その現状はきわめて厳しい状態にある。

また、全国標本調査によって得られた統計によって、技術や経験をもたない労働者や臨時労働の賃金水準は非常に低いということが明らかにされた。農村部における一日当たりの平均所得は男性の臨時労働者で五六・六三ルピーであり、女性で三六・一五ルピーである。都市部においては、男女の賃金格差はより大きくなっており、一日当たりの所得は男性の臨時労働者で七五・五一ルピー、女性の臨時労働者ではわずか四四・二八ルピーである。このような所得水準は、全国農村雇用保証制度によって定められた国内法定最低賃金水準よりも低いばかりでなく、このような所得水準が二つの格差に大きく依拠していることを示している。その二つの格差とは、農村−都市地域間の格差であり、加えて、性にもとづく格差である。

農村の困窮

大多数の人々、とくに農村部の人々が深刻な困窮状態にあるという現況は驚くべきことではない。公式な統計ではないが、異なる所得階層ごとに平均消費可能カロリーを直接に推計した研究によれば、月間平均所得が六二五ルピー以下の農村部貧困層のうち、約七〇パーセントの人々の摂取カロリーは、必要とされる最低消費カロリーである二四〇〇キロカロリーを下まわっており、この最低水準をようやく満たすに至っているのはわずか一〇パーセントの人々である。都市部では、必要とされる最低消費カロリーは二一〇〇キロカロリーであるが、月間平均所得が五七五ルピー以下の所得階層では、この水準に達している人口は四〇パーセントにも満たない。こうした推定結果は、インドにおいて貧困層以下の人口は減少しているという一部の主張を覆すものである。これは最低限の必要な食物を確保するという点においてすらも、貧困層が直面している問題は悪化しているということを示している。

しかし、インド政府は、少量・適正価格で食料を公的に分配する仕組みに対する支出を抑制しようとする動きを見せており、必要不可欠な食料品の価格はつねに上昇を続けている。最近の食料品価格は、二〇〇六年に、小麦が一二パーセント、ひよこ豆が二八パーセント、乾燥唐辛子が六二パーセント、玉ねぎが二八パーセントとそれぞれ上昇しており、他の食料品価格も上昇している。家庭で料理に必要となる燃料の価格は上昇し、なおかつ、かつては価格補助が部分的に行われていた水、電気、輸送といった分野でも同様の価格上昇が起きているため、消費者物価指数が上昇している。同時に、農業労働者に対する価格指数は、二〇〇六年度において七・二パーセント上昇しているが、この値は、工業労働者向けの価格指数ではかった六・三パーセントや、単純労働ではない都市部労働者に対する価格指数である六・六パーセントを上まわっている。さらに、中央政府が支出する食料品に対する政府補助金は十分でないばかりではなく、大幅に減少している。二〇〇二－〇三年において対GDP比で〇・九九パーセントあった食料補助金は、二〇〇五−〇六年には、なんと〇・〇六パーセントにまで引き下げられたのである。

生活基盤の消失：巨大ダム、高速道路、工業団地、経済特別区

グローバリゼーションのお墨付きを受けたとでも言うべき巨大プロジェクトの進行とともに、農村部の人々の生活基盤が破壊されつつある。こうした問題は、今まさに、われわれが目の当たりにしている出来事である。小規模農家が保有している土地は、このような巨大プロジェクトによって必要とされ、やがて経済特別区、あるいはその他大規模な工業的投機事業へと姿を変え、急速な工業化戦略の一翼を担うことになる。このような巨大プロジェクトには、同様の近代化事業としての巨大ダムや国内のさまざまな地域を結ぶ高速道路が含まれている。必然的に、このような大規模事業によって多数の貧困な人々が追い出されてしまう。川岸の村民たちは巨大ダム事業によって「押し流さ」れ、同様に都市部の地下鉄が開通するとともに、都市部スラムの住人や小規模店主などは居住している場所からの立ち退きを迫られる。

グローバリゼーションという大事業が示唆するものは近代化と工業化の進展であり、そ

の実現過程において、これまでに言及してきたような出来事のすべては起きるべくして起きたものである。しかし、こうした新たな枠組みにおいては、貧しい人々から生活基盤を奪う過程で生じる機会費用*が考慮されていない。さらにこうした機会費用を埋め合わせることは困難である。今や国家は、巨大資本と富裕層を利するための中心的な推進役であるのだ。しかし、このような国家のあり方は、経済発展の主体としての国家のあり方とはあまりにかけ離れている。

都市部インドと労働者の実態

本書の読者には、十分な労働機会や生存機会がインドの都市部の住人にならば保証されているだろう、などという幻想をもたぬように願いたい。全国標本調査による控えめな推定値すらも、一九九三–九四年度から二〇〇四年にかけての都市部の男性と女性の失業率の悪化を示している。さらに就業者の内訳をみると、いわゆる「自営業」は都市部の男性では四四パーセント、女性では四五パーセントにまで達しているのである。

組織化された製造業**を対象とした最近の研究によって、ほとんどの製造業で、雇用の増加率は低くとどまるか、あるいはマイナスに転じてすらいることが明らかになった。このような傾向は、生産物の年間平均成長率が五パーセント未満の成長率の低い産業特有の現象ではなく、年間平均成長率が二〇パーセント以上の高い成長率の産業においても同様であった。低成長分野は、通常、比較的労働集約的な産業であり、手織物、タバコ生産、印刷業などである。高成長分野は、比較的資本集約的な産業であり、飛行機、宇宙船、自動車、電子部品、電気自動車、発電機、変圧器、宝石産業などがその例である。さらに、雇用の増加率の伸び悩みに加え、幸運にも職を得られた人にとってすら、その労働環境が望ましいものではないという問題が明らかになっている。

こうした労働の負の側面には、延べ労働日数の増加率が就業者の増加率を上まわるような長時間労働をはじめとして、多くの産業で労働生産性は上昇しているにもかかわらず、実質賃金は低下、あるいは固定化するといった問題が生じている。なお、後者の問題には、資本による労働代替の結果としての資本‐労働比率の上昇も影響している。

＊貧しい人々が受けるはずであった逸失利益。
＊＊インドでは、法令上の一定の人数と用件を満たし、届け出た小規模商工業の事業部門をorganized sector（組織化された部門）と呼び、そうでない商工業の事業部門をunorganized sector（未組織の部門）と呼ぶ。都市部のunorganized sectorは貧困の温床になっていることがたびたび指摘されている。

リスク調整要素としての臨時雇用の増加

組織化された産業を対象とするインドの公式統計は、労働者が直接雇用されているのか、それとも仲介業者を介して雇用されているのか、といった労働者の身分に関する情報も提供している。後者にあたる、仲介業者を通じた雇用が圧倒的であるという点はきわめて注目すべき点である。仲介業者を通じて雇用される労働者は、労働の流動化に対処すべく、完全な臨時ベースにおいて雇用されている。

こうした労働の流動化は、グローバリゼーションにおける現代の経済体制の新たな規律として広く推進され、採用されている形態である。外国の投資家は市場の円滑化をはかるために、労働市場の流動化改革を行うよう、政府に対して間接的なプレッシャーをかけているが、国内投資家もまた労働市場の流動化を歓迎している。とりわけ輸出特別区では、定められた労働時間以外の労働は違法でありながらも、いまや常態化しているのが実情である。ほとんどの産業で臨時雇用は増加しているが、特別経済区にある産業では、競争的なコストによる生産を促進するという特別の目的があるために、雇用主に付与される労働使用に対する裁量権は大きなものとなっている。

近年では、インド国内における一連の経済改革によって生産は不安定化する傾向にある。

高成長部門や低成長部門を問わず、雇用は生産と連動する形で変動するようになっている。つまり、生産と雇用が連動しているということは、ブームを迎えつつある産業においてすら雇用は増加していないということである。一方で、生産が沈滞している産業では雇用機会は乏しくなり、減少すらしていることをも反映している。グローバリゼーションの時代の中で、増大する不確実性に対して市場の力をもって対応していくことで、結果として労働は生産の「リスク調整」要素に成り下がってしまったのである。

一方、市場の開放度は、生産部門における規模の拡大に貢献していない。インドの産業についてのデータベースであるインド経済監視センターで利用可能な企業レベルの統計によれば、貿易（とくに純輸出）と外国人による債券市場への参加が、主要なインド企業の生産規模の拡大に影響をもたらしたと結論づけるべき論拠は、実証的には得られないと結論づけている。

フィールド調査によって指摘された仕事の質

二〇〇四年から二〇〇五年にかけて、筆者も含めて調査チームを編成し、フィールド調査を行った。このフィールド調査によって、いくつかの知見が得られたため、本書でも、その結果を紹介したい。われわれ調査チームは、工業労働者に対してインタビューを行い、一般的な仕事と生活の質に関する一連の情報を得た。

国内のさまざまな地域の労働者を調査対象とし、サンプルとして六一五人を抽出したが、サンプルの大多数は、生活や労働条件が不安定であると感じていたようである。さらに、量的分析と質的分析の双方を行うために、われわれ調査チームは、近年、ＩＬＯによって研究に用いられている手法を採用し、労働者の安全指標に対する水準を構築した。調査結果によれば、所得、仕事、雇用、技能、社会的支援、キャリア構築などあらゆる面において、労働者の安全水準は低いと考えられる。仕事の持続性という点や、労働者が移住労働者なのかそうではないのかという点は、安全水準に占めるウェイトが高く（逆進的な意味で）、工業労働者の全体的、複合的な安全レベルという点からも、重要な二要素である。輸出志向である経済特別区、あるいはスーラットにおける輸出志向のダイヤモンド産業では、労働契約が臨時的なものであるという点は、大多数の労働者の安全水準に対してあまり影響を及ぼさなかった。

われわれの調査は、労働条件の多次元的な情報を収集し、さらにインタビューを通じて、労働者の生活水準を把握するべく行われたものであったが、このような調査結果は、公式なデータによって示された全体像を補完する結果となった。さらに、この調査結果は、本書において目的としていた論点である、経済発展へと至る過程と経済成長とは同一のものではないという、われわれの主張を裏付けるものとなった。

中国における経済成長と経済発展

アジアで高成長を達成している国は、ほかでもない中国であるが、中国に関する統計は不足しており、比較可能な推定値を得るためには大きな障害が立ちはだかっている。しかし、高い輸出成長、巨額の海外直接投資の流入、多額の外貨準備を達成した中国の成功の影で、そうした中国の成功が社会発展に与えた影響は限られたものであったといえよう。

事実、富める者と貧しい者の両極化が進行しており、さらに国内の地域格差が拡大していることが現在では伝えられるようになった。中国の経済成長過程において、中国国内の人々にとって、そのような繁栄を享受しうるような発展的な環境が生まれ、整えられるまでに至っていないことは確実である。国連開発計画（ＵＮＤＰ）による二〇〇四年度の人間開発指数（ＨＤＩ）によれば、中国の順位は八一位であり、ジェンダー開発指数の順位は六四位である。このような順位は、高い経済成長を遂げている国にしては低い値である。

ここ数年、GDP成長率が安定的に九パーセント、もしくはそれ以上を記録している中国であるが、一九九六年から二〇〇〇年の間に、もっとも所得および消費の低い二〇パーセントにあたる人口の総所得がGDP全体に占める比率は、平均四・七パーセントであることがUNDPによって報告されている。二〇〇二年の段階において、衛生的な設備利用が可能となっている人々は総人口の半分にも満たないわずか四四パーセントであり、携帯電話もしくはインターネット設備を利用している人口は、携帯電話については一六パーセント、インターネットについては四パーセントにしか過ぎない。児童の識字、就学といった面では、教育水準は申し分のないレベルにあると言える。しかし、改革期前の社会主義体制のために環境への配慮が損なわれており、二〇〇二年における一人当たり二酸化炭素排出量は二・七トンにものぼり、これは他のアジアの成長国家やインドと比較しても望ましくない水準である。

高い経済成長を記録しているにもかかわらず、中国の国内では、地域間の不平等が大きく、さらに都市と農村の間に分断が生じていることが伝えられている。輸出志向である沿海部に海外からの直接投資の大部分が集中しており、沿海部への海外からの直接投資は、いまだに国内における経済発展の原動力となっている。農村部と都市部の間の格差に着目すると、一人当たり所得に顕著な差異が存在することがわかる。

二〇〇〇年度の都市部の一人当たり所得は、農村の一人当たり所得のおよそ三倍にものぼっている。都市部に投入されている補助金に加え、農村部への課税を考慮に入れると、都市部住民の実質所得は農村部で生活している住民の約六倍になると考えられる。中国の都市部の一人当たり所得の増加はかなり急速なものであり、二〇〇二年度の都市部の一人当たり所得の成長率は九・三パーセントであるのに対し、農村部の成長率は四・四パーセントである。このような事実を鑑みれば、農村－都市の格差は年々拡大していると考えられる。

こうした都市と農村の不平等な指標は、中国の人口の三分の二を占める農村人口の生活レベルがかなり低い水準にあることを反映している。農村では就業機会が少ないことはもちろんだが、同様に農村における農民の境遇は不安定であるために、現在の中国では、より良い生活を目指して、農村から都市の中心部へと移住する人々が増加し続けている。こうして国内を「自由に移動する」労働者の数は、一億人から二億人にも達すると見積もられている。また、このような移住労働者の一人当たり所得は、都市部居住者の平均と比較するとかなりの低水準にある。したがって、一人当たり所得水準において、最低位一〇パーセントに当たる人々の総所得が、中国の全GDPの一・四パーセントに過ぎないという事実は驚くには当たらない。最高位一〇パーセントにあたる人々による総所得のGDP比四五パーセントとまったく対照的である。

つまり、この国の全体像として浮かび上がってくるものは、深刻な所得不平等と所得の集中である。非公式な推計記録であるが、二〇〇四年に起きたとされるデモや衝突は七万四〇〇〇件と報告されており、これは一〇年前の一五倍を超える件数となっている。

他の発展途上地域における開発指標

今日、発展途上地域の非常に多くの国々において、経済成長と経済発展の間の距離が同じように開きつつあるという共通の傾向については、さほどの困難なく観察されることである。急速な経済成長を遂げている国々では、いや、経済成長が停滞している、あるいはマイナス成長にある国々ですら、国の大部分を占める人々は最大限可能な経済的、社会的、政治的機会の拡大から排除されている。

二〇〇四年までの四年間に、年間の平均GDP成長率が四パーセント、もしくはそれ以上を記録したアジアの数カ国を対象として、経済発展という見地から、われわれは重点的に検証を行った。注目すべきは、こうしたアジア各国において、経済成長と貧困の間に共存関係が成立していると考えられる点である。ここで、われわれが分析対象とした国々をGDP成長率の低い順に以下に示す。なお、括弧内は成長率と一人当たり所得である。パキスタン（四・一パーセント、六〇〇ドル）、マレーシア（四・三パーセント、二五四〇ドル）、インドネシア（四・八パーセント、一一四〇ドル）、バングラデシュ（五・一パーセント、四四〇ドル）、タイ（五・三パーセント、二五四〇ドル）、インド（八・二パーセント、一二九〇ドル）、中国（八・七パーセント、八二〇ドル）である。

括弧内の数値に示されているように、高いGDP成長率を記録している国の一人当たり所得が必ずしも高いとは限らない。ただし、このような経済成長と一人当たり所得とのミスマッチは、ある程度は人口密度の差異によって説明をつけることが可能ではある。しかし、一人当たり所得が低い場合には、個人への所得分配が十分であるという論拠にはならない。しかも、所得分配が十分に行われていないということは、個人の福祉が満たされていないことを意味する。個人所得の分布にばらつきがあるのか、あるいは所得分布が集中しているのか、という論点については、ジニ係数やジニ係数に修正を加えた関連指標などの統計手法によって計算を行うことが可能である。

しかし、このような統計手法を用いても、市場にアクセスすることができない人々が経験している「排除」という問題を明らかにすることはできない。特権から排除されているだけにとどまらず、基本的な生活に不可欠なものからすらも排除される、それが排除の過程である。

UNDPによる統計を用いて、高成長経済から中成長経済における人々の発展状態を表わす開発指標をくわしく提示することが可能である。そのような統計値は、消費面における不平等や安全な飲料水の利用、衛生と低栄養状態などに関する問題など、さまざまな厳しい現実を反映している。さらに、教育、新技術の普及、環境サステイナビリティ（持続可能性）、ジェンダーの不平等などについても、同様にUNDPによるデータが利用可能であるため、こうした開発指標についても、われわれはくわしい検討を行った。いみじくもこのような論点は、国連によって推進されているミレニアム開発目標でも注目されている問題である。

UNDPによって提供されている開発の段階を表わす、もしくは開発の欠如を表わす基礎的な統計を用いた検討によって明らかになった点は、GDPの成長だけでは開発の段階を引き上げるために十分でないことはもちろんであり、さらに、一人当たり所得の上昇すらも人々の生活を十分に保証するものではないという現実であった。つまり、各国において、それぞれ、人々は収奪され、排除されているのである。もちろん、公式な統計に現実を十分に反映させることは、とうてい不可能である。とりわけ収奪されている人々の過酷さや悲惨さを推測するために、こうした統計を用いることは適切であるとは言い難い。メディアが伝えるニュースや事実調査、関係者へのインタビューなどといった現実味に富む情報によって、問題はしばしば社会的に認識されるようになるものである。しかし、本書は各国内の人々の間にある経済的、社会的な距離に対し、なんらかの知見を得ようと試みることを目的としており、UNDPによる指標は、本書においては依拠すべき最善の定量的な近似値としてとらえられると考えている。

これまでの議論と同様に、中成長から高成長状態にある東南アジア諸国——輸出主導による工業化を過去に経験している国々——における経験は、急速な経済成長を遂げながら

*社会における所得の不平等度を測る指標。値が〇に近ければ近いほど不平等度が低く、一に近ければ近いほど不平等度が高いとされる。

も社会開発が不在のままである、という非対称的な経済成長パターンの存在を裏付けている。基本的な生活環境をはじめとして、新たな技術の利用可能性を平等ならしめたか、という論点に立脚すれば、東南アジア諸国には「排除」が存在していた。しかし、南アジア、とくにインドと比較すると、統計上は、東南アジアの識字率は高く、電話、携帯電話、インターネットなどの新技術の利用状況も良く、生存を確保するためにもっとも重要な要素である飲料水利用は恵まれていた。

しかし、所得分配やその他の諸要素を考慮した場合、東南アジアの国々に関する統計は単純に良いと結論づけられるものでもない。もっとも貧しい二〇パーセントに属する人々の総所得、あるいは総消費におけるシェアは低く、衛生へのアクセスは限定的であり（タイを除く）、母親死亡率は高く、健康に関する一人当たり支出が低く（インドネシアで顕著である）、人々が危険な環境にあるなど、健康に関する基礎的な指標の値は低い。マレーシアの二酸化炭素排出量は、一人当たり六・二トンであり、これは本書で対象としたアジア諸国の中ではもっとも多く、安全といえる量とはかけ離れた水準にある。

ＵＮＤＰの報告書にある開発的指標を示す統計からは、一般的な労働者の労働条件の不安定性や、主要な労働力としてマレーシアやタイに流入する移住労働者についてのくわしい情報を得ることはできない。一九九〇年代後半には、金融危機によって政治が不安定化したために、実物部門の成長を目指す動きは放棄されてしまい、しかも各国において、社会発展に対する取り組みが顧みられることは決してなかった。このように経済発展なき経済成長についての詳細な実例は、国家が過去に経験した事実を検証することによってのみ得られるものである。また、そのような経済発展なき経済成長の証拠は、しばしば政治的な取引や紛争、反対運動を記した文書記録に求めることができるのである。

到来した「ゴキゲン」な要素

インドを事例として

今日のインドは急成長に沸いているが、その要因はサービス部門の成功に依拠する部分が大きい。現在では、インドのＧＤＰのうち半分以上はサービス部門の貢献分である。このようなサービス部門の成長は、主にＩＴ関連のＢＰＯ*とアウトソーシングによって創出

＊業務を外部の専門業者に一括して委託すること。

されている。BPOとアウトソーシングの輸出額はサービス部門による輸出の半分以上を占めており、インドの主要な外貨獲得手段となっている。ソフトウェア産業が中心となってサービス部門が成長し、サービス部門が大きく貢献したことにより、インドは二一世紀において世界でもっとも高い経済成長を達成した国の一つとなった。

その成功の元をたどれば、国家主導の下に行われた長きにわたる科学教育と技術教育の影響によるところが大きい。科学教育と技術教育は、インドの独立当初より工業化を推進するための国家的な役割を担っていた。次代への影響を見据え、工業政策とともに、ブリック・アンド・モルタル*の時代から、技術をもった技術系学生を育成する政策を強力に推し進めたために、第二世代が台頭するにつれて、インドの優位性は大きなものになっていった。また、グローバリゼーションの時代において、比較的成長が見込める分野として最重要視されたのはサービス部門であったが、インドにおいては、この分野の研修を行うための条件が整っていた。職業にかかわる技術や経験のある労働者にとって、新たなチャンスが到来し、新産業に必要とされる技術や経験が変化すると、技術教育の優先度は工科大学から経営学あるいはIT関連の教育機関へと移行していった。

こうした背景によって、インド国内もしくは国外で働くソフトウェア技術者や経営管理者が育成されていき、同様にコールセンターで働く労働者の訓練が進んだ。コールセンターで働くためには技術系の学位は必要なく、コールセンター労働者の多くは、多国籍企業によって都市部に設立されたＢＰＯ企業に雇用される場合が多い。一方で、この分野は、将来、インド経済の中でもっともグローバリゼーションによる問題が起きる可能性が高いと思われている分野でもある。こうした仕事への就業機会は、都市部のやや高価な教育プログラムを受ける余裕のある人々に限られているためである。

さらに、グローバリゼーションは、国内のサービス部門を構成する強力な他産業を急速に成長させる原動力となっている。この国内の強力なサービス産業とは、金融関連産業である。金融取引は主に銀行業と国内の証券取引所で行われており、後者は大都市部に置かれている。証券取引所は、新規株式公開の発行と日々の株取引——純粋な金融資産の取引であり、新規株式公開の場合とは異なり、実物資産の形成が促されることはない——の中心になっている。

これまでの章においてすでに指摘したように、一九九一年に金融緩和が開始されて以来、

＊実店舗をもつ商取引のこと。実店舗をもたずに取引するインターネット取引の対立概念。

金融緩和は一定のペースで進行しており、その結果、インドの金融部門の構造は大きな変化を遂げている。すべての銀行はリスクに対応するために、必要とされる自己資本比率を充足しなければならないとする新たな規制、すなわちバーゼル条約を受け入れた。さらに、株式の売買が行われる流通市場への外国人機関投資家の参入が認められたために、株式市場ではデリバティブ取引が増大し、これを政府も追認するかたちとなった。

これまでに述べてきたような変化が市場に与える経済的な影響は大きかった。銀行改革で不良債権による損失は減少したが、一方で中小企業に対する貸出は減少し、農村部のみならず都市部の貧困層も、銀行が採用している新たなリスク規制基準を満たすことができずに融資を受けることができなくなった。また他方では、銀行や、とくに海外の系列企業は多額の金を動かすようになり、クレジットカードや消費者金融、住宅融資などという手段によって、異なる貸出需要を促進しようと躍起になっているように思われる。

カネを生む株式市場

外国人機関投資家が市場に参入したことと、ムンバイに本拠を置く主要証券取引所であるナショナル証券取引所がデリバティブ取引を開放したことによって、証券の取引高は飛躍的に増大した。取引高のうちデリバティブ取引によるものは、直物（スポット）取引によるものよりもはるかに大きくなっている。二〇〇六年度の推計によれば、デリバティブ取引額は直物取引額の二・五倍にのぼっている。しかも、デリバティブによる取引規模の平均は、直物市場における平均取引規模の二五倍を超えている。デリバティブという手法を用いてごく短い期間のうちに儲けを稼ぎだそうとする動きがこれほどまでに巨大化してしまった原因は、債券価格の不確実性にあり、インドにおける債券価格もまた国内市場と国際市場の双方において、不確実性に対応しようとする動きと密接にかかわっている。

デリバティブは、予想外の債券価格の下落が生じた場合に投資家を保護する役割をもった金融技術であり、スワップや先物、オプションなどの組み合わせが、現在、多用されている。このような取引のうち大部分が外国人投資家によるものであり、外国人投資家はデリバティブ取引の大部分を牛耳っている。二〇〇六年の外国人投資家による取引高は二八五億ルピーにのぼり、これはインドのGDPの三七パーセントに相当する金額である。外国人投資家による取引高は、そのほとんどがデリバティブ市場によるもので、投機目的であるが、発行市場の取引高（有形資産の裏付けのある債券）の約六・五倍にもなっている。

インドの金融改革が二重の意味において失敗していると結論づけることは、あながち間違いではない。第一に、有形資産の形成という観点によれば、金融改革が経済成長に貢献したとは言い難い。第二に、金融の流入があったところで、金融資産は公平に分配されなかったことはもちろんであるし、流入した資金は生産的投資にすら配分されることはなかった。そればかりか、今だかつてありえなかったような金融資産に対する投機環境を中心となって提供したのは、国家だったのである。こうした状況がつくりだされた大きな要因は、新たな通信技術である。つまり、通信技術によって、投資家はクリック一つで自らの金融資産の組み合わせを管理できるようになってしまったためである。

　債券の流通市場は、不安定な市場において、期待が変化することによって影響を受ける。しばしば投資家は流通市場から高い利益をあげるが、とりわけ新規株式公開によって発行市場において持ち分として調達される株式から得られる利益と比較すると、流通市場から得られる利益は非常に高い。こうして、市場でタナボタ的な利益が期待できるようになると、その市場には多くの投資家が集まるようになり、市場拡大への動きが強まるため、債券取引に「ブーム」が生じる。これまでにも指摘したことであるが、債券の流通市場の取引には、取引を裏付けるための実体的な価値がまったく存在しない。いわば純粋な金融取引の本質が表われているともいえる。流通市場では、持ち分（金融資産）が売買された場合、取引に工場や機械などといった有形の資産の存在が反映されることはない。しかし、新規公開株式を発行市場で売却する場合には、必ず同価値の有形資産の存在という裏付けがなくてはならず、流通市場の取引とはまったく対照的なのである。

証券流通市場においていくら投資がなされようとも、そのような投資が実体経済に与える影響はほとんどない。したがって、現在のインドの金融部門におけるブームも、経済における実物部門の成長にさしたる影響を及ぼすことはないかもしれない。一方で、金融部門に多額の投資を行っている不労所得者は、金融ブームによって大きな利益を得ている。現在のインドの税金体系では、キャピタル・ゲインも金融資産（株式等）からの配当もいずれも課税対象にはなっていないために、必然的に流通市場の証券取引に対する誘因は増大しつつある。金融ブームによって金融部門では雇用機会が増大し、金融関係の給与水準は驚くほど高いものになっている。つまり、ＩＴ部門の上級技術職に起きたケースと同じような状況が金融で起こっているように見受けられる。

その一連の結果として、金融部門は、その他の経済活動に対し、大きな優越性をもつことになる。たとえ、その繁栄が短期的なものになろうとも、金融当局は景気を拡大させようとするために外国人機関投資家の投資拡大を推し進める。結果として、金融投資を生活の糧としている国内の不労所得者階級はより富んでいくことになる。したがって、インド政府が金融拡大に対して、介入権をほとんど行使していないことは驚くべきことではない。しかも、今日においては、外国人機関投資家は、金融市場が自分たちの期待にそぐわなかった場合には、投資先である国家に対して、見返りを要求するほどの力を備えるまでに大きな存在となってしまった。金融市場が拡大するにつれて連鎖的に外貨準備高が枯渇し、通貨の下落が起こり、証券市場ではクラッシュが起こり、金融フローの想定外の収縮が起きる。この一連の流れこそが、一九九〇年代後半に起きたアジア危機であった。インド政府はこうしたアジア危機の経験を見直し、将来の金融危機の防止策を練る必要があるであろう。

もちろん、金融危機に備える対策は、「他に選択肢がない」という、TINAシンドローム*的なものであってはならない。金融への高い依存状態から抜け出すための戦略を募るべきであり、国家も実体のある経済活動に見合った政策を策定すべきである。実体経済を重視することによって、はじめてグローバル金融による収奪からの独立をはかりながら経済を成長させていくことが可能になる。そのためには、複数の経済政策の統合が必要である。具体的には、投機的な金融に対する規制を行い、物的資産と雇用を創出するための経済活動へと誘導することが必要である。

グローバリゼーションのもとでインドの経済は新たな変容を迎えているが、その中で、日が昇るほどの勢いのある分野にかかわる国内のアッパーミドルクラスは、国内では比較的に恩恵を享受している階層であるといえる。ここで言うアッパーミドルクラスとは、海外の同クラスの人々と比較しても遜色のない生活スタイルを保つことが可能となった人々のことである。このクラスには、ビジネススクールを卒業したばかりの者や、六桁もの初任給を受け取るコンピュータ技術者などの上級専門職が含まれる。さらに、アッパーミドルクラスには、中間層と同様に、サービス部門の上級社員が含まれる。こうした上級社員は、給料の一部を株式として受け取ることもある（雇用された時に株式を受け取る場合もある）。株式市場のブームによって株式価格が大幅に上昇しているために、社員に株式の割り当てがある場合には、社員は事業を拡大するというよりは、市場における会社の株式価値を高めるための努力を行う。工業部門に属する企業で社員に同様の株式割り当てがある場合に

＊There Is No Alternativeの頭文字をとったもの。グローバリゼーションの時代には企業資本主義を促進することが最重要であり、他の選択肢は考慮しないという考え方。その背景には企業資本の推進によって経済成長が達成され、やがて貧困は減少していくという仮定がおかれている。

は、株式価値を高めようとするあまりに工業生産や雇用が犠牲にされている可能性がある。

都市の拡大は国内の至るところで進行している。富裕層向けのショッピングモールや最先端のアメニティを備え付けた豪奢なマンション、小洒落た並木道と高架橋が広がり、車の台数はかつてないほど増加し、健康維持のためのハイテク医療を備えた病院、授業料の高い私立学校など、あらゆる新たな価値のある豊かさがもたらされた。しかし、そのような豊かさは、国内のごく一部の人々だけのものであることは、明白である。しかし、こうした変化は、今日のインドの状況がいかに奇跡的なものであるかを示している。かつてのインド経済は、いわゆるヒンドゥー成長率*あるいは停滞状態から脱却し、現在では、二桁に迫る成長率を達成するまでに至っているのである。

しかし、これまでにも指摘したように、このような成長による恩恵は特定の経済活動や特定の職業に偏っていることは明らかであった。インドは、グローバリゼーションの下で広まったさまざまな設備や装置の利用を、多くの人々に対して広めるという点においては失敗したのである。インド全体の人口のうち、インターネット利用が可能な人々の割合は、五・四パーセントを上まわってはいない。これは、アメリカの六九・三パーセント、日本の六七・二パーセントという割合とはまったくかけ離れた数値である。

IT革命が起きたにもかかわらず、インドにおいてインターネットを利用している人々はごく少数に限られているという事実は、そのような設備や装置の利用パターンに歪みがあるということを示してもいる。携帯電話によって、都市部では、貧困層を含めた多くの人々に新たな地平が開かれたかのように思われたが、二〇〇二年のUNDPによる推計によれば、インドにおいて、この装置へのアクセスを有している人口は一六パーセントを超えていない。もちろん、二〇〇二年度以降では、携帯電話の普及率は上昇したであろうが、現在のインドでも、いまだに貧困が深刻な問題であるということだけは事実である。したがって、生存の確保に窮しているような貧困層が、技術が普及したからといって、すぐさま設備や装置を利用できるようになるとは、現実的にはあまり考えられないのである。

ただし、少なくとも、今日の技術によって、原則上は情報を公に共有することが可能になった。現在では、メディアやその他の伝達手段の普及によって、人々の困窮の実態が広く知られるようになっている。このような情報の公有化によって、農村で債務を苦にした農民自殺が増加し、公式に認可された金融部門が農村の農民に対して貸し渋りを行い、

＊一九八〇年代にかけての、年率ＧＤＰにして三パーセント程度の低成長率を揶揄した表現。

WTOの肝いりで進められてきた非関税化と市場の自由価格化によって先進国からの補助金漬け類似商品の無関税輸入が行われた結果、農家が生産物に見合うだけの報酬を得られなくなったことなどが広く知られるようになってきた。これ以外にも、農村、都市を問わずに人々の困窮化にかかわる深刻な状況は数多くあり、このような問題に対する議論や反対の声が公に沸き起こっている。

前章までに明らかになったように、インドをはじめとした多くの発展途上国でいわれるような、経済の高成長シンドロームとでも言うべき成功例などは、ごく一部のことに過ぎないのである。これまで本書は、経済成長と経済発展との間にある脆弱な関係性について、インドの事例を用いた議論を行ってきた。インドでは深刻な貧困が蔓延し、社会開発は低調でありながらも、同時に豊かさと経済成長を謳歌するようなライフスタイルが混ざりながら存在している。また、これと同じようなシンドロームともいうべき病的な現象は、インド以外でも生じており、中国や東南アジアの急成長国家においても蔓延しているという点を指摘している。グローバリゼーションのもとで急成長軌道に乗ったこのような国々の成功譚は、世界中の注目を集め続けているが、その一方で、経済成長とは裏腹に経済発展へ向かう各国の道筋は後退を余儀なくされているのである。

国民国家の二重の責任

これまでにも指摘していることだが、市場主導による成長は経済発展を促すものではない。その上、市場主導型の経済成長によって、発展途上国における国民国家の役割は後退してしまった。発展途上地域の国家機構には、二重の役割があると考えられている。

自国民に対して責任を負うという国家の第一の役割をなおざりにして、現在、国家の第一の役割は、市場に対応し、市場に従属していくことになっている。貿易、金融、投資手段、消費パターン、情報と技術のグローバル化などが進行するにつれて、現在では、発展途上国の市場は大きな国際的な型の中にはめ込まれてしまっている。経済における活動主体としての国家の役割が縮小していく一方で、今や、資本主義の論理は国家の仕組みにおける優先事項を変革させるだけの力をもち、資本主義の論理の中で国家の役割は姿を変え、国家は公的機関の行動計画を遂行し、市場を円滑化させるための推進役になってしまっている。

当然のことながら、こうした市場化の促進過程において、国際資本の本拠である先進国の利害がもち上がってくる。その結果として、現在では先進国は、発展途上国の市場の動きに、数十年前とは比べものにならないほどの大きな関心を寄せている。ＩＭＦ、世界銀行、ＢＩＳなど国際金融機関やＷＴＯは、通常、豊かな工業国家からなる同一の勢力集団によって運営されており、先進国と発展途上国との間の媒介機関として機能することが多い。国際機関による仲介を経ることによって、先進国は発展途上国の政策への監視を強め、さらに先進国自身の利益に適うように、発展途上国の政策傾向を操作することが可能になった。国際金融機関による、発展途上国に対する多角的な要求と圧力は、そのような先進国による発展途上国に対する影響力の存在を示す好例である。国際金融機関は厳格なリスク算定基準を定め、その基準に融資の流れを結びつけるために、発展途上国に対して財政赤字の縮小や資本勘定の開放要求を行っている。また国際金融機関は、厳格なリスク算定に合致させるべく、融資の優先度や融資の流れを組み替えることによって、銀行の再編成を推進させようと圧力をかけている。

グローバルな貿易組織であるＷＴＯもまた、発展途上国に対し、独自の拘束的な方針をもっており、ＷＴＯのそのような方針が発展途上国側の国益と反していることは、これまでに述べたとおりである。ワシントン・コンセンサスの枠組みにおいては、発展途上国はワシントン・コンセンサス内で定められる規律に従わねばならない。これは途上国にとって、非常に重要な問題になりつつある。ワシントン・コンセンサスは発展途上国の市場開放を迫ることで、自国の市場に結びつけようとするだけでなく、先進国による投資対象である発展途上国の財産（金融と技術を主要な手段として）を監督する「よき管理人」としての役割を果たすことで、先進国側が発展途上国側を掌握しようとする体制である。新たに形成されたグローバリゼーションの規律に対する先進国側の姿勢は一貫して団結したものであり、先進国側は、国内市場を犠牲にしてもグローバリゼーションを尊重するべき、という立場を崩していない。したがって、先進国側が各自の領域内でグローバルな経済主体を育成し、保護しようとする動きを、今後、集中的に強化していくであろうことは明らかである。

技術の所有権を保護しようとする動きに対しては、発展途上国側から反発が起きており、とくに製法特許に関する新たな特許法に対する反発が強い。新特許法では、製法特許が認められたため、製薬部門やバイオ技術部門において、特定のブランド名の製品を生産している企業主が、とりわけ優先的に保護される構造になっている。この特許法による恩恵を大きく受けているのは、海外の多国籍企業の配下にある企業である。

発展途上国家にとって、インフレーションを抑制し、金融資産の価値を保持することは重大な責務である。インフレの抑制は、公共部門に対する財政支出の削減によって行われるか、あるいは金利を固定した上で、なおかつ（あるいは）銀行が保有している現金預金に対する中央銀行の預金準備率を引き上げることによって行われる。価格の安定化を達成するためには、財政緊縮策と財政緊縮に合わせた金融政策とが同時に用いられることが多い。インフレ抑制政策を採用することによって、経済需要が損なわれ、金融収縮が生じてしまい、また同時に雇用の創出に失敗したとしても、一般的には政府にとっての最重要課題は価格の安定化である。この点については、読者に再度思い出してもらいたい。

さらに、非公式ながらも、ドルやその他の基軸通貨に対し自国の通貨価値を安定的に保つこともまた、国家にとっての責任の一つになっている。これほどまでに自国通貨の安定化が政策上の重要課題とされる理由は、急速に自国通貨価値が下落すると、外国人投資家によって保有されている金融資産の国外への流出が起きてしまう恐れがあるためである。つまり、公共政策で優先事項として重視されている施策とは、政策として明文化されていない部分なのである。しかし、このように最重要とされる政策は、世界経済の中で独占的かつ特権的な利益を享受しているグローバルな金融の利害を担保することを目的としたものである。そのために、財政支出の削減や金融引き締めといった政策によって雇用の拡大が阻害され、所得創出の可能性が大きく失われたとしても、このような緊縮的な政策は続けられていくのである。

発展途上国にとって、市場からの要求に応え、市場に従うことは重要な課題ではあるが、だからといって自国市民に対して国家が負う責任を放棄してよいわけではない。「グローバルである」という立場と対立的な姿勢をとることによって、国家と国内ローカルとをつなぎ、政治的かつ社会的な正当性を担保することも、選挙によって選出された政府の責任である。高い経済成長を成し遂げている国家においては、しばしば欠落している点ではあるが、国家が国民に対するこのような責任を果たすことは、国家が経済発展を達成するための必要条件である。

軽視された二重の責任

発展途上国で選挙によって選出された政府が負うべき二重の責任は、市場に対して負うべき責任と、国内の人々に対して負うべき責任がある。しかし、政府による権限は、この二つの責任に対して等しく及んでいるわけではない。

こうした問題については、開放経済体系の中で市場を操作していこうとする論理によって、おおかたの説明をつけることが可能である。国際機関やOECDの各国政府との連携関係にある外国企業や外国資本は、発展途上国側に対して、経済政策の枠組みについての政策目標を提示し、政策目標の遂行を課す。したがって、開放経済体系における発展途上国の最優先課題は、豊かな外国側による要求に応えることとなる。そのために発展途上国は、国内側の要求に対しては即座に対応することはできず、国内への対応は後まわしにされてしまう。一方で、国内の巨大なビジネス資本や産業は規制緩和された市場から、ある程度の利益を得ているために、外国資本と同様に、税率の軽減要求、財政支出の削減と金融引き締めによるインフレ抑制政策、労働市場の流動化政策、その他の政府による優遇措置などを含んだ政府の政策を支持する。

こうして国内資本は、グローバル資本主義の下位に位置するパートナーとなっていくために、自らの属する国民国家に対して工業化の初期段階に国内市場保護のもとで行われていた、かつてのような利益保護を求めるための働きかけを行わないようになっていく。やがて国家は、市場の強力なパートナーによって定められた規律に従い、それにもとづいた政策を行うようになる。たとえ、そのような政策が、社会的に重要な健康や教育への支出、農産物価格の安定、中小企業への融資、労働条件の改善、労働賃金を上げるなどといった多くの国内向けの政策目標と相容れないものであったとしても、国家はグローバル企業寄りの政策を採択し、実行していくのである。

このように、市場主導の成長と国家主導の開発という論理の間には、政策的な矛盾が存在することは明らかである。しかし、権力の座にある者は、グローバリゼーションによる強制力を優先する。こうして、「効率的な成長」という題目を掲げ、推進しようとする市場ロビイストの要求が優先されていくことで、国家の発展目標は容易に損なわれてしまい、国家における経済発展は市場の犠牲となってしまうのである。

民主主義の赤字とは?

経済成長と経済発展との間の距離が広がっていく中で、政治学者は、その格差の拡大過程を「民主主義の赤字」と名付けた。「民主主義の赤字」は、選挙によって選出された政府が選挙民に対する公約を実現させることができないために生じるものである。

本書では、こうした問題は自国市民に対する国家の責任にかかわるものであると認識している。もっとも、中央集権的な国家機関と市場による決定事項として実施されている成長志向型の近代化計画によって、国内のローカルコミュニティのニーズを満たすことは困難であるということなどは、あらかじめ予想がついていた。大規模なダム、高速道路、工業プラント、輸出特区などのような巨大プロジェクトは、その建設過程で人々に強制移住を強いるだけでなく、プロジェクトによって強制移住を余儀なくされた人々の生活基盤を脅かし、さらには巨大プロジェクトそのものには特権的な待遇が与えられる。このような大規模プロジェクトは、税金が免除されるだけではなく、国によって定められた最低限の労働者の権利保護義務からも免除されるのである。

こうした問題が生じると、その反論の論拠として、おなじみの「トリクルダウン」理論が展開され、市場の論理は支持される。トリクルダウン理論では、短期の損失は長期的に埋め合わせられるという前提が置かれている（中期の場合もありうる）。この論理においては、高名な、厚生経済学の理論における「補償原理」が暗黙の内に仮定されている。補償原理とは、なんらかの変化によって経済損失を被る主体が存在している場合、その損失分が変化によって利益を得る主体によって保証されているかぎりにおいて、その変化は是認されるというものである。

しかし、経済的な利益を「トリクル」*させるための重力となる経路は、現実的には上層へと向かう力である。つまり、その力は上方へ向かうことこそあれども、下方へは「ダウン」していかず、経済的に取り残された人々に到達することはないのだ！　したがって、このような経済原理は、現実に対して適用することはできない。補償原理もまた、現実の適用とは相容れないことなどは、再分配への動きが現実的には不在であることから明らかである。つまり、再分配は政治的には正しい施策でありながら、市場にとって認めがたい施策であるために行われないのである。

グローバリゼーションを制御するために

それでは、経済発展という見地に立脚した、グローバリゼーションを制御するための道筋は存在するのであろうか？　国家人口の大多数に対して福祉を提供しなければいけないという責任から、国民国家は逃れることができるのであろうか？

大多数の人々は、現代のグローバリゼーションという時代を迎えたために利用できるよ

＊時間とともに水が滴り落ちるように波及すること。

うになった、快適な生活環境に暮らす機会から取り残されている。そうした人々の中には、貧困から這い上がるためのすべての望みを封じられ、絶望の淵にまで追いやられてしまっている人々も多い。民主主義国家において、支配的な立場にあるエリートは、必ずしも民衆志向の経済発展を達成するために必要な階層的な意識を共有しているわけではない。しかし、そうしたエリートたちも、民主主義にもとづく投票によって政治力を付与された以上は、彼らに一票を投じた人々が望む、ある一定水準の生活、あるいは最低限、生存が確保されるだけの生活水準を実現することに対して完全に無関心なままでいることはできない。

対話において、国家的レベルの権力と地元レベルのローカルのコミュニティの間に食い違いが生じると、自然発生的に反発や階層流動化に対する要求などが、ＮＧＯや市民社会、そして時には政権与党内の反対勢力からもあがってくることさえある。問題の当事者となっている市民と州政府との直接交渉などを含めて、さまざまな形で民衆から声があがっていく。しかしながら、対話への道筋は必ずしも平和的に解決するものではなく、暴動や紛争という形で要求が噴出してしまうこともしばしばである。このように、ほとんどの発展途上国において、対話と対決とが頻発しているが、これは高成長を遂げている国々も例外ではない。

社会問題に対しての懸念：インドのケース

近年のインドでは、社会問題に対する反発はやや下火になりつつあるようである。しかしながら、きわめて多くの人々が窮乏・欠乏状態に苦しんでおり、こうした問題を改善するための国内の努力は、いまだに十分な結果を出しているとはいえない。

この二、三〇年間に、インドの経済発展を明らかに阻む諸問題の多様化が次第に進んでいる。そうした中で、社会のさまざまな異なる集団（活動家、ボランティア集団、政党、国家）によって、このような諸問題を解決しようとする動きが生まれているが、そのような動きについてここで言及しておくべきであろう。そのようなさまざまな運動の例とは、以下のようなものがある。

初等教育問題ではマディヤ・プラデシュ州に創設された教育関係のNGO「エクラブヤ」がある。環境問題ではNGO「科学環境センター」、高齢者福祉問題ではNGO「ヘルプ・エイジ」、児童労働と福祉問題では国際労働機関や路上生活の児童、若者などの状況改善などを目指す「サーティ」のようなNGOが活動している。また、トライバル（インドの少数民族）の権利保護、水資源でもNGOがあり、巨大ダムによる強制移住問題では、ナルマダ川開発計画の反対運動から発生したNGO「ナルマダ・バチャオ・グループ」がある。

さらに、多くの反対意見があがっている経済特区あるいは巨大工業プロジェクトの問題、食料の安全保障問題、餓死と農民の自殺問題についてもNGOが活動している。都市部の貧困問題では、公正な社会建設を目指すNGO「パリヴァルタン」が、年季奉公については「スワーミ・アグニヴェシ」やさまざまなNGOが、労働組合の権利については労働組合などの団体が、未組織労働者に対する扶助では「全国未組織部門企業会議」や社会運動家などが、農村雇用保障制度のもとにおける農村労働者の権利問題ではNGO「労働者と農民のエンパワーメント協会」が、性による差別と機会問題については「自営女性労働者協会」などが活動している。情報の権利（情報公開法）について活動しているNGOもある。

このような非営利組織などに加えて、政党や政権内部から、さらには政権同士の提携（政権中央部同士の州を超えた結びつき）による影響力も重要性を増しており、特定の問題に対して適切な法整備などの実現を要求するなど、政策形成に対する影響力は大きくなっている。

政権にある国側は、いやがおうにも適切な施策を遂行するなど、ふさわしい行動をとるための中心的な役割を求められ、一連の政策を実行せねばならなくなった。ここで必要とされる一連の政策とは、貧困の解消、農村部の貧困層に対する雇用の創出、食料を適正価格で販売するための店舗に対する補助金行政、健康施設に対する補助金、初等教育に対する補助金――財政支出の削減によって初等教育を行う学校の展開は小規模化している――などであり、ここに例示した以外にも複数の政策をあげることができる。国内に多様な問題がもち上がり、さまざまな角度から反発の声があがっているものの、そうした問題への政府の対応は非常に限られたものであった。政府はこうした問題を認識しながらも、不十分な対応しかとらなかった。この背景には、社会開発に対するニーズが充足されていない点に加え、インドの現状が経済発展とはほど遠い状態にあるという現実がある。

他の発展途上国と同様に、インドにとっても、政府の役割を保った上でその能力を拡大させなければならないという大きな課題がある。しかし、社会部門に対する支出については、新自由主義的な財政規範が採用されているために厳しい制約を受けたままである。インドでは、社会部門を支援するために必要な財政支出のうち相当額が、中央政府と地方政府の双方で削減されている。中央政府機関によって策定されている公共の福祉に関するトップ・ダウン方式の政策と、国内の地方の問題との隔たりを埋めるためには、いったん福祉計画の管理権限を分散化するための試みが必要であろう。とりわけ、州ごとに、パンチャヤット制*にもとづく管理を試みるべきである。

しかしながら、政治的な決定過程は、必ずしも議会内やNGOと政府の交渉過程のみに委ねられているものではない。反対運動や労働の流動化に対する要求は、しばしば自然発生的に農村部や都市部の労働集団によって組織され、抑圧され虐げられた人々に対して、なんらかの正義を実現すべきであるという要求をつまびらかにしようとする活動が行われる。このような運動は、不満や反感を公に表明することが目的であるために、必ずしも平和裏に行われるものとは限らない。インドの農村部や町の裏手で、さまざまなかたちの反対運動や抗議行動が計画され、大きな波となって押し寄せてきている。こうした社会運動の中には、政府による政策、あるいはコミュニティ単位の施策に対し、ある程度の影響を与えているものもある。しかし、社会運動の多くは国家や社会組織によって顧みられることはない。

急成長を続けている経済の中において、衛星テレビなど、インドの「知識経済」の恩恵とも言うべき情報伝達手段が充実していくにつれて、やがて不平等と不満が蓄積していく。

富裕層と超富裕層によるライフスタイルに対する願望と、新たな経済体制がもたらした豪華な商品を購入する余裕などない大多数の人々の願望との間には、きわめて大きなギャップがあるために、多くの人々の不満は増大していく。この新たな経済体制が浸透していくとともに、多くの人々の不満が深まっていく。したがって、インドは、インドという国で暮らす人々にとって二つの顔をもつものになり、その双極化は次第に深刻化していくことになるであろう。

これまでにあげてきたような国内問題は、インドや中国だけでなく、その他、急成長を遂げている発展途上地域においても、各国が、「経済発展なき経済成長」への道筋をたどりつつあることを示している。はたして、このような経済発展のあり方は、政治的に、さらには人道主義的な見地からみて、サステイナブルなものでありうるのであろうか。そうした問いについての判断は、読者にまかせることにしたい。

＊村落共同体から五人で構成される議員を選出し、自治の単位とする。五の数はヒンディー語で「パーンチ」と発音される。

6

グローバリゼーションと世界経済危機
——今後の展望

二〇〇八年暮れ、アメリカの規制緩和された金融市場から始まった悪夢は、二〇〇九年の年頭にはグローバル経済全体を覆いつくした。連鎖的で散発的な金融危機の発生を回避するために、先進国の政策立案者による対応が行われたが、これまでのところ当初の目的は達成されていない。アメリカの信用市場と証券市場に端を発した危機は、もはやアメリカ国内だけにとどまらず、伝染効果によって発展途上国をはじめとした世界中に広がっていき、危機の影響はいまや南欧の小国にすら及んでいる。

ここで注目すべきは、危機が発生した直後から、金融部門の危機は決して局地的なものにとどまっていなかった点である。やがて危機は、当時すでに減退をみせていた、実体経済における生産財と雇用という面に影響を及ぼしたのである。

危機を解明する

右に述べたように、先進国経済の金融部門を揺るがせた危機によって、実質的なスタグネーション*の進行が、先進国では同時多発的に起きてしまった。このような金融部門の破綻と実体経済の低迷は、いずれも新自由主義的な成長モデルと政策枠組みから生じる論理をみることによって解釈することができる。この点については、後に述べることにしたい。

金融危機（金融危機の実体経済部門への波及も含む）の拡大と関係する要因はいくつかあるが、ここでは、そうした要因のうち短期要因となるものと長期要因となるものとの相違点をあげておきたい。後者は、生産財の成長と、生産物の分配のあり方などの構造変化にかかわるものである。後に述べるが、実体経済における構造変化は、金融部門のブームと、金融ブームの後にやってくる金融市場の崩壊によって引き起こされるものである。

一九七〇年代以降、いまだに世界経済全体を覆っている長期の構造変化は、先進国、途上国双方において、労働生産性と実質賃金の乖離を拡大させる要因となった。その結果として、総需要の落ち込みが常態化してしまい、その影響はとくに先進国で顕著となっていた。第二次世界大戦を約三〇年ほどさかのぼった頃から、フォード式の生産様式が普及し、先進国の経済体制が確立されていったが、その初期においては、労働生産性が上昇するにつれて実質賃金は生産性と同じように上昇していった。これは、現在の経済状況とはまったく対照的なことである。

＊経済が停滞すること。不景気。

近年、雇用と賃金の増加の伸び悩みが常態化しているが、その要因は労働政策の緩和にあると考えられる。こうした労働緩和は、現在進行しているグローバリゼーションの一環を担っている。これまで本書が指摘したように、労働力調整が容易な場合には、賃金水準は低く保たれる。さらにグローバリゼーションが進行すると、競争的な圧力が強まるために、よりいっそう労働にかかわる費用を圧縮しようとする動きが高まっていく。競争的な圧力によって最新技術の適用への動きが高まり、資本労働比率が上昇するため、総生産に占める賃金の割合は大幅に低下してしまう。結果として、賃金カットと総需要の低下が生じ、総生産と雇用の拡大が妨げられるために、よりいっそう需要が低下するという悪循環に世界経済は陥ってしまっている。

こうした傾向は、発展途上国にも観察される。経済改革によって、労働力の調整が容易になり、生産性が上昇し、さらに技術は労働と代替的であるために、実質賃金と労働生産性との乖離が生じる。国内の需要不足と家計消費の低迷傾向に悩む各国の多くは、輸出志向政策を採用している。しかし、そのような輸出志向政策をとることは、発展途上国側にとって労働にかかわるコストを削減しなければならないということを意味しているために、必要とされる労働力はさらに抑制される。こうした要因によって発展途上国の国内需要の低下が生じる。その一方で、先進国の成長率はすでに低い水準にあるために、先進国向けの輸出を拡大することによって途上国の国内需要の不足分を補うことはきわめて困難である。つまり、先進国においても発展途上国においても、実体経済部門の成長の余地はあまりなく、その背景にある理由は大差ないものなのである。

さらに、金融資産の収益性を高めるために行われた金融部門の規制緩和にともなう問題が生じている。一九七〇年代に、金融資産の回転率と価格が上昇しつづけた結果、先進国ではインフレ圧力が強まるとともに経常収支の不均衡が生じた。やがて、初期のケインズ的福祉国家*にかわり、マネタリスト的な経済政策**へと政策的な枠組みの転換がなされていった。本書でこれまでにも述べてきたが、金融市場の規制緩和によって政策の変化が生じたために、実体経済の成長という裏付けをもはや必要とせずに、金融活動だけが肥大化していくような構造的な仕組みが出来上がってしまったのである。

市場の規制緩和によって、デリバティブ取引に代表されるような、新たな金融手法を開

*ここでは、福祉と労働政策を重視し、適切な支出を行う「大きな政府」を前提とした経済政策を行う国家を著者は想定している。
**ここでは、福祉や労働についても市場の能力と金融を重視し、意思決定を民間に委譲することで福祉政策に対して政府の関与を最小限にしようとする「小さな政府」を志向する国家を著者は想定している。

発するための誘因が強化されたため、金融ブームが起こりやすくなるという状況が生まれた。このような取引は規制を受けなかった上に、市場内では、増大する不確実性に対応しリスクを軽減するための手法としてフォワード、先物、オプションなどのヘッジ契約を用いたデリバティブ取引が引き続き行われていた。こうした手法が有効にリスクを最小化することが可能になるのは、市場が安定的であり、かつ取引の信頼性が保たれているかぎりにおいてのみである。しかし、カネを生み出したいという渇望や強欲によって突き動かされたエージェントたちの投機熱は、証券、通貨にとどまらず、先物の日常財市場にすら向けられるようになった。金融部門から得られる利益と比べると、実体経済部門に対する投資によって得られる利益は、投資家にとって魅力のないものになっていた。さらに、金融市場の取引に対する信頼が保たれているかぎり、金融部門への投資はつねに収益性の高いものであり続けていた。

ここで再び、一九七〇年代初頭からの長期の構造変化に目を転じると、いまだかつて経験しえないような成長を遂げながらも、実質的な経済成長にほとんど寄与しない金融部門の取引が成長していったのに対して、実体部門の成長は大きく遅れをとっているという、いびつな構造的な拡張過程に、世界経済が翻弄されつづけていたという構造が見えてくる。

これまでにも述べたが、金融ブームの行き詰まりは、二〇〇八年、アメリカの金融市場で生じた大規模ショックに端を発した。金融ショックの混乱のきわみにある世界中の市場では、ショックの原因とそれに対して有効と思われる可能な解決策についての議論ばかりが繰り返されている。見方に多少の違いはあれども、危機を引き起こした明確な要因は、主流派の理論にもとづく政策を主張し続ける人々の間においてすらも、現在では広く一般の知るところとなっている。つまり、いわゆる「効率的なマーケット」というパラダイムを前提とした新自由主義的な成長神話によって約束されていたものは、実は失敗であったということである。このような新自由主義的な理論に限界があることは、本書ですでに述べたとおりである。

アメリカの金融危機の根源は、アメリカの金融市場のブームがデリバティブ取引によって加速されたことにあった。こうしたデリバティブ取引は、資産担保証券とクレジット・デフォルト・スワップとして知られるものである。いずれも金融資産を証券化したものであって、この中には住宅ローンを証券化したものも含まれていた。このような証券化によって、規制緩和された金融市場では、不動産取引にかかわる資金調達が容易となるばかりかその収益性が高まったために、アメリカの不動産市場のブームは過熱化し、新たな利益を生み出す好機となった。一方で、住宅市場では金融阻害が生じていた。じつは、住宅ローンの証券化が行われるまでは、アメリカ市民であっても、人種や収入あるいはその双方の理由によって金融・債券市場から阻害される人々は多かったのが現状だったのである。しかし、住宅ローンの証券化は、銀行やノンバンクの金融仲介業者にとって、新規のビジネスチャンスを拡大する機会となった。やがて住宅ローンに関する法規制は、住宅ローンの証券を取り扱う銀行や住宅ローン会社によって左右されるようになった。通常は、投資銀行は資産の売買を行う銀行だが、取引が活発化すると、取得資産に対する追加的な融資を行うようになったため、より大きなリスクが課されるようになっていった。取引の拡大はとどまるところを知らず、競争相手は新規分野の開拓に力を入れるようになり、「サブプライム」と呼ばれる貸出市場がアメリカに作り上げられていった。そこに至るまでの過程を想像することは、それほど難しいことではないであろう。一方で、こうした取引過程において生み出された資金には、もはや連邦準備銀行による金融管理は及んではいなかったのである。ノンバンクを通じた信用資金の流れ（シャドウ・バンキングと呼ばれるもの）は規制されていなかったうえに、これまでの銀行を通じた資金と比較すると非常に低い利率で貸し出されていた。さらにグローバル化された金融構造のために、先進地域のみならず、発展途上国の金融市場にまで金融証券化の波はただちに及んでいった。

不動産市場の沈滞化によって金融資産価格が暴落したために、金融資産に裏付けられるローン市場の破綻が生じたということが、最近の状況から明らかになっている。金融危機の中で、ローン市場が破綻したために、多くの金融機関とエージェント（銀行、保険会社、投資銀行、ローンのブローカー、販売会社、株式のブローカーなど）はほぼ債務超過といえる状態に陥ってしまった。さらに倒産や倒産懸念が広まる伝染効果が金融機関や国家を超えて生じたために、金融危機は拡大し、危機は、ヨーロッパや日本、さらには発展途上国にも及んでいった。ギリシャとアイルランドでは危機の影響が深刻化し、二〇一〇年には信用格付け会社は両国の格下げを行い、両国が深刻な危機に瀕しており、投資不適格であると評価した。やがて両国は、破綻を防ぐためにＩＭＦやＥＵなどから厳しい条件の付帯する貸出を受け入れることになった。なお、この貸出につけられた条件は、一九八〇年代の債務危機の際のラテンアメリカやアフリカ、または一九九七－九八年のアジア各国に課されたような、かつて発展途上国に付与された条件ときわめて類似したものであった。ヨーロッパで深刻な債務国となった両国では、ＩＭＦによる強制的な財政規律を受け入れたことによって、生産と雇用の成長率は低下した。

金融危機は国家の境界を超え、そして金融部門や実体経済部門といった経済部門を縦断し、急速に、また広範に広がっていった。OECD諸国の実体経済部門に対する影響は、GDPの下落率に表われているようにきわめて深刻なものであった。OECD諸国のGDPの成長率は、一九九六－二〇〇六年にはわずか二・七五パーセントであり、危機前にはすでに低調であったが、二〇〇七－〇九年のGDP成長率は〇・六パーセントにまで下落した。アメリカの平均GDP成長率の変動はより激しいもので、一九九七－二〇〇六年では三・三パーセントであったが、二〇〇七－一〇年には〇・五パーセントであった。予想されていたことではあるが、失業率は公式統計の数値ですら（公式統計の数値は低めに見積もられている）OECD諸国の全体平均で八・三パーセントであり、スペインでは一八・九パーセント、ポルトガルでは一〇パーセント、アイルランドでは一二・二パーセント、アメリカでは九・四パーセントとなっている。このような各国統計の失業率の値は、OECD平均を大きく上まわる数字である。

本章において後に述べることになるが、発展途上国における危機の影響はいまだに深刻なものである。しかし、発展途上国における危機の影響について論じる前に、危機を理解し、また危機を解釈するために有用な理論的な視点をもつことが必要であろう。

危機を解釈する

この二〇年間に先進国の金融機関で生じた変化を解明するにあたっては、経済学者ハイマン・ミンスキーによる類型化を用いた説明が有用であろう。ミンスキーは、規制緩和された金融市場と「経済の不安定性」について類型化を行った。この時期に生まれた新たな信用の源泉は証券市場に銀行が関与する、いわゆるユニバーサル・バンキング*による部分が大きい。こうした点を考慮してミンスキーが注目したのは、ユニバーサル・バンキングや銀行、ノンバンク金融などの、新たな制度の確立における「分配と発行」モデルの妥当性であった。なお、このモデルでは資産の再編成と資産売却にかかわる過程が分配の一部として位置づけられている。

かつての「コミットメント・モデル」においては、金利を基準として貸付担当者との対面の貸出が行われることで信用が波及していくと説明されていた。しかし、取引相手に対

*短期の商業貸付、長期貸付、証券業務、信託業務など、銀行がさまざまな業務を包括的に行うこと。かつて銀行は証券市場への参入が許されていなかった。

してリスクを転嫁する方式をとることで、より高い収益をあげることが次第に可能になったために、マーケット主導による資金調達の収益性は、プロジェクト案件に対して銀行が融資するという資金調達形態と比較して高まっていった。やがてそのプロセスに、銀行も証券市場に巻き込まれていくことで、世界的な金融構造と金融商品の証券化との「共生関係」と呼ぶべき状態が生まれた。これがミンスキーによる主張である。

直近の危機において、規制緩和された金融市場を事実上の破綻状態にまで追い込んだ要因を深く掘り下げるには、ブームに沸く金融部門に流れる資金フローを利用することが容易になったという点に注目せざるをえない。本来、このような資金フローは、良好な環境を前提として、負債の利子と元本の支払いを十分にカバーし、実現される収益あるいは期待される収益をヘッジするために必要とされたものであった。しかし、ヘッジを行ってしまうと、負債支払いのための収入フローが十分にないのでは、という憶測を呼んでしまう。そこで過去の負債に対しては「回転貸付*」が行われるようになり、ついには新規の借入額と負債の支払額の勘定さえ一致していればよい、というような状態にまで陥ってしまった。

ミンスキーによれば、これは典型的な「ネズミ講（ポンジ金融）」と呼ばれるもので、システムが脆弱化し、その崩壊可能性が高まる状態であるとされる。信頼が低下した状態になると、金融市場からの追加的な資金調達が滞りはじめるために、関連する企業同士の貸借対照表に大きな損失が発生する。こうした一連の過程を経ることで現われる状況が、ミンスキーの主張する典型的な「ポンジ状態」である。このような「ポンジ状態」が、二〇〇八年のアメリカ金融市場の大暴落時に深刻化していたことは、多くの分析によって明らかになっている。

近年にはさまざまな詐欺や詐欺まがいの行為が行われているが、ここで強調すべきは、ポンジ金融が金融業による詐欺行為と同義であるという点である。

グローバル経済のメルトダウンともいうべき状況に対して、本書は異なる角度からの検討を行ってきたが、このような見方は主流派によって提唱されてきた「効率的な市場」という概念とは、対立するものである。これまでに本書は、先進国、発展途上国双方の生産財市場における消費不足に注目した。また本書は、自由化という枠組みの中で発展途上世界が輸出を志向することによって、労働が流動化し雇用が縮小したことについて言及してきた。経済の需要サイドの低下分のうち、一部は実体資産の裏付けのある証券取引の活性

＊ここでは財務状態をよく見せるために、新しく借り入れた資金を過去の負債の支払いに充当する自転車操業的な資金調達のこと。

化によって埋め合わされていたが、先進国では二〇〇八年の年末までに、金融市場も実体をともなった経済活動も、すべてが破綻を迎えてしまった。ここに至り、世界経済のシステムに適切な修正を行うための政策策定の提言を行うには、金融市場の不確実性がきわめて重要な論点であるという点に注目し、不確実性に翻弄される金融市場について異なった立場から検討を行うことが必要である、と本書は考えている。

株式の発行市場において、金融資産として売買される新規公募が、いったん流通市場に流通した場合には、この金融資産はもはや、実体資産によって裏付けられる必要はない。これまでにも説明したように、金融が上昇基調にある時には無数の金融債権や借金が積み上げられていくために、金融と実体経済とが大きくかけ離れていく。それは、いみじくも、ミンスキーが「資本財は、実質的な生産の増加をともなうから重要なのではなく、何はともあれ利益を生み出すために価値のあるものだとみなされる、それがウォール・ストリートの見識である」と表現したとおりなのである。

アメリカの公的な対応

二〇〇八年の金融危機に起因する世界大不況に対応するために、アメリカ連邦銀行とヨーロッパ中央銀行は、金融システムに資金を注入し介入を行ったが、この措置の主たる目的は信用収縮を防ぐためであった。苦境に陥った金融システムを救済するために、金融機関に対して投入された金額は、二〇一一年までに累積にしておおよそ一一兆ドルにものぼった。金融危機の影響を緩和するために先進国が採用した対応の中には、一連の規制措置が含まれており、こうした諸規制は二〇〇九年の六月に導入された。二〇一〇年の一月にオバマ大統領は、銀行が顧客にとって有益とならない投機的な投資を行うことを制限するための追加的な規制を打ち出した。

こうしたアメリカの金融部門を保護するための救済措置や類似の関連措置は、ある程度、狙いどおりの成功をおさめた。しかし、一方で、実体経済部門は、最終生産物からみた成長においても雇用においても、いまだに混乱を続けたままである。現在、六〇〇〇億ドルの資金を注入し、量的金融緩和を目指すプランがあるが、このプランにもまた限界がある。

というのは、輸入を通じて量的緩和の効果が失われる可能性があり、現在の財政赤字額によってかえってデフレ的な効果がもたらされる懸念があるためである。さらに、資本は国際的により高い金利を求めて発展途上地域へと移動する傾向があるため、こうした金融緩和によって国家間の国際収支の不均衡のいっそうの悪化が引き起こされるおそれがある。

発展途上国への影響

グローバルな経済危機によって深刻な影響を受けたのは、先進国だけではない。危機は、山火事のように、発展途上地域を含めさまざまな地域へと広がっていき、景気は減速し、同時に後退していった。景気の後退基調は、世界経済全体において、生産財の成長率、雇用、総需要の同時的な収縮を引き起こした。金融危機が発生したのはアメリカであったが、グローバリゼーションという時代の中で進行した市場のグローバル統合によって、金融危機は他の国々にも伝播していった。

発展途上国では、他の国々も同様であるが、国家間の貿易フローの減少や資本移転・送金の減少によって、景気減退への道筋がつけられた。グローバル化された世界経済において、明文化されていない規範ともいうべきマーケットの自由化という方針にもとづき、経済改革が推進されていたが、こうした経済改革は国家間の相互依存を進行させる最大の要因となっていた。

二〇〇八年秋のアメリカの金融危機によって先進各国が不況に陥ると、発展途上国側は、輸出市場と海外からの資本フローの両面で大きな打撃を受けた。これまでにも述べたように、金融部門に問題が生じ、金融が鈍化すると、実体経済部門の成長はより低下する。つまり、金融部門と実体経済部門の間には双方向的な相互関係が存在するために、実体経済部門の停滞が顕著になると、金融市場における破綻懸念は強まっていく。さらに、先進国経済の景況が減退すると、発展途上国にとって主要な外貨獲得手段である先進国からの送金が減少してしまった。

しかしながら、輸出とGDP成長率の両面で、発展途上経済（新興経済も含む）の指標はしばらく堅調であったという点に本書は着目したい。世界経済全体に占める発展途上地域からの輸出割合は、年率にして、二〇〇六年には一〇・四パーセント、二〇〇七年には九・七パーセントであった。だが、二〇〇八年、危機の勃発とともに、こうした流れは一変した。輸出量は、翌二年間のうちに激減し、二〇〇八年には四・〇パーセントに、二〇〇九年にはマイナス八・二パーセントにまで落ち込んだ。二〇一〇年の暫定推定値によれば、輸出量は、前年比で八・三パーセントと、数字上は回復を示しているが、ベースとなっている値がそもそも低いことを考慮すれば、それほど状況が好転したとはいえない。

発展途上国における貿易フローの減少要因は、全般的には、世界経済を構成するほとんどの国々のGDP水準が低下したことによるものであった。先進国のGDPの平均変化率は、二・七五パーセント（二〇〇八年）から〇・五パーセント（二〇〇六－〇七年）に、さらにマイナス三・二パーセント（二〇〇九年）へと下落した。こうしたGDPの急激な低下傾向は、経済成長を続けていたアジア各国ですら同様であり、アジア各国のGDP成長率は、平均にして二〇〇六－〇七年の一〇・二パーセントから二〇〇八年には七・九パーセントに、二〇〇九年にはわずか六・六パーセントにまで落ち込んだ。この間、インドにおいても、最終生産物の成長率は同様の傾向を見せていた。

発展途上国では、輸出とGDPが減少したことによって大規模な雇用の喪失が起こり、国内経済面においても、企業の廃業が続出し、国内需要が収縮していったことについては言うまでもないであろう。こうした一連の流れは、多くの国民に対して悪影響を与えた。生存を確保できるぎりぎりの水準、もしくはそれ以下の水準で生活している人口を多く有する国において、雇用機会がさらに減少してしまえば、経済・社会を持続可能な状態に保つことはほぼ不可能となってしまう。

金融部門においては、グローバルな経済危機は、発展途上国の資本構成のうち、とくに短期の資金フローに大きな影響を及ぼした。二〇〇八年に危機が勃発するまでは、株式の流通市場や不動産投資による収益機会は、発展途上国では増加傾向にあった。しかし、アメリカのサブプライムローンに端を発するグローバルな金融市場で起きた激震は、やがて大きな危機となったため、発展途上国の資本市場に流入する資金フローはきわめて不安定なものになってしまった。

とりわけ、インドや中国のような新興経済では、海外の投資機関からの多額の短期の資本流入を引き受けているために、金融ショックの影響は大きなものとなった。ネット（純額）の資本流入が急激に落ち込んだことによって、株式市場をはじめとした資金の流入先に混乱が生じた。また、短期資金が引き上げられたために、流入する外貨が現地通貨に替えられ、国内銀行を通じて資金が流通していく過程を通じて、国内の銀行にも大きな影響が生じた。同様に、急激に外貨の流入が減少したことによって、市場では外貨に対する現地通貨の引き下げ圧力が強まった。そこで、差し迫る通貨価値の下落を防ぐために、数カ国の金融当局は外国為替市場への介入を行い、外貨準備高を取り崩し、自国通貨を買い上げた。さらに、急速に流入する外貨が落ち込むことによって国内の金融の流れが悪化したために、その調整として金融当局は金利を下げざるを得なくなった。その結果、低金利政策を採用することでさらに外国からの投資が減少するという悪循環に陥るリスクを、発展途上国は負うことになってしまった。

これは以前より指摘されていた点ではあるが、金融統合は発展途上国にとって、同時に達成することが不可能な「トリレンマ」問題を、しばしば生じさせる原因となる。トリレンマとは、発展途上国において、資本の自由な移動を維持しながら、かつ為替レートを管理しながら、金融政策の自立性を保持する、という三つの政策目標を達成することは不可能である、という命題のことである。つまり、いかなる国においても、金融政策、自由な資本移動、為替レートの管理の三点で国家の自立性を保つという三つの政策目標のうち、同時に達成できる目標は二つしか存在しない、というものがトリレンマ命題である。

インドや中国のように、グローバルな金融市場に組み入れられた主要な新興経済においても、このトリレンマ問題は、近年、重要性を増しつつある。政策目標の間ではトレードオフ*がしばしば発生するために、国内の金融政策の自立性と政策目標の折衷をはからねばならない。しかし、こうした国内の金融政策は、他の主要国が採用している政策によって大きく左右される傾向がある。これに関連する出来事が、アメリカの「総量緩和政策」の発展途上国への影響である。総量緩和によって資金が大量に注入され、アメリカの利子率が急速に下落したために、市場に注入された資金は比較的利子率の高い発展途上国へと流入した。しかし、こうした資金の受け入れ先である発展途上国では、資金の増加によってインフレ懸念が高まる上に、為替レートの上昇圧力が強まっていく。総量緩和がなされると、こうした双方向からの圧力が高まるために、途上国側は国内経済の金利をコントロールすることができなくなってしまう。

インフレ圧力を抑制するためには、発展途上国側の金融当局は資金量の抑制を行わねばならない。しかし、こうした金融抑制政策は途上国内の実体経済部門に対して逆進的な影響を及ぼす。さらに、金融当局が金融抑制的な措置をとると、国内の金利が上昇するので海外からの投資を助長し、かえってそのような政策は、インフレ抑制政策に対してのブーメランにすらなりかねないのだ。

＊達成したい複数の目標のうち、一つを達成すると他の達成目標が損なわれてしまうこと。

はなはだ簡単ではあるが、ここで新興経済の代表格として捉えられる、インドにおける諸問題について取り上げたい。インドのGDPの下落率は、年間平均にして非常に大きいものであった。二〇〇七年には九・四パーセントであったGDP成長率は、二〇〇八年には七・三パーセント、二〇〇九年には五・七五パーセントにまで下落した。二〇一〇年度のGDP成長率として見込まれる値は八・八パーセントと悪くないものだが、ベースとなるGDPの値が低下している点を考慮すると、実際としてはそれほど高い値であるとは言えない。輸出増加率は年率にして、二〇〇七-〇八年度においては二九パーセントであったものが、二〇〇八-〇九年度には一三・六パーセントに下落し、二〇〇九-一〇年度には、マイナス三・五パーセントにまで下落した。GDP成長率の下落とともに、インドの輸入増加率もまた下落していった。二〇〇八-〇九年度には一三・六パーセントであった輸入増加率は、二〇〇九-一〇年度には、マイナス五・〇パーセントにまで減少した。

インドのGDPの下落傾向は、経済部門ごとの成長パターンをみるとより明らかである。とりわけ、二〇〇八-〇九年度の農業部門と製造部門の年間平均成長率の下落は顕著であり、農業部門はマイナス〇・一パーセント、製造部門の成長は四・二パーセントであった。経済を覆う一連の景気の減退傾向は、固定資産形成の成長率の減少からも明らかになっている。二〇〇六－〇七年度には、年率にして一六・二パーセントもあった固定資産形成の増加率は、二〇〇七－〇八年度には一・五パーセントにまで落ち込んだ。同様に、年率の資本（資産）の変化率は、二〇〇六－〇七年度には、三一・一パーセントであったものが、二〇〇八－〇九年度にはマイナス四八・六パーセントに下落した。二〇〇八－〇九年度には、GDP成長に対する総資本形成の貢献率とGDPに対する純輸出の貢献率はそれぞれマイナス四四・三パーセントとマイナス五七・六パーセントに落ち込んだ。

短期資本流入が増大し、資金の流れが不安定になると、インドの金融当局はしばしば介入を行った。国内経済に関連する資金の流入によって、為替レートの異常な変動が引き起こされることを防ぐためであった。そうした資本流入と介入の結果は、必ずしも国内経済、とりわけ国内の金融政策にとっては望ましいものではなかった。介入の結果、いやおうなしに、国内の金融政策は対外部門の動向に適応させざるをえなくなったためである。

一九九一年から九七年までの間、金融引き締め政策によって実体経済の収縮が生じたが、それでもなお海外資本の流入による量的拡大を防ぐために、国内資金はしばしば引き締められた。さらに、外貨の流入によって、国内経済における資金流通量が拡大していくと、金融当局は過剰流動性が発生しないよう、公的債券を売却する、いわゆる売りオペを行うことによって余剰資金の回収をはかった。結果的に、公債の発行額が膨らむと、債務額の増加に比例して利子の支払い額もまた多額になっていき、そうした利子の支払いのためだけに国家予算を切り詰めざるをえなくなり、社会支出などが削減された。なお、他のいくつかの発展途上国と同様、インドでは、ＧＤＰに対する財政赤字の比率は、財政規律およびその運用にかかわる法律（ＦＲＢＭＡ）によって一定の上限が定められており、財政赤字はその範囲内におさめられているという点について、ここで注記しておきたい。

経済改革が開始された一九九一年から二〇〇七年までの期間とはまるで対照的に、グローバルな経済危機が到来すると、海外からの金融フローの流入は急激に落ち込んだ。こうした状況に対応するために、インドの金融当局は、これまでとは逆に、資金不足を防ぐために金融緩和を行った。しかし、最近では、再び真逆の金融政策が採られており、インフレ・スパイラルに陥ることを恐れたインド中央銀行は、利子率を大きく引き上げている。なお、最近のアメリカの総量緩和政策の中、こうした金融引き締め措置を行うことは、海外からの短期の資金流入を活発化させかねず、国内のインフレーションの進行に対する金融当局のコントロールが及ばなくなるおそれがある。つまり、インドあるいは中国の金融当局が、どれほど国内の金融政策の自立性を保つことができるか否かは、金融の開放度と世界の金融マーケットとの統合度にかかっているといえよう。

結論として、グローバルの経済危機が伝染効果によって国家間に広がったことにより、グローバリゼーションの暗黒面が再び浮き彫りにされたといえよう。そもそもグローバルなものではないはずのアメリカのサブプライム危機による余波から、発展途上国は免れることができなかった。金融取引の急速な落ち込みに加えて、金融取引が激しく変動すると、こうした動きと組み合わさるように生産と雇用が大幅に減速していく——それは、完全なる世界経済の破綻絵図であった。さらに、とくにこの危機の犠牲となったのは発展途上国の貧困層や失業者たちであった。彼らの生存基盤や生活基盤は、危機によって大きく破壊されたのである。

考察を終えて、また政策提言として

本書は、グローバル経済のメルトダウンと発展途上国への危機の影響について、異なった角度から考察と分析を行ってきた。しかし、こうした本書の主張は、「効率的な市場」理論を論拠とする、主流派によって推進されてきた理論や、その理論にもとづく政策的な処方箋とは相反するものである。本書が重視する点は、先進国における生産財市場の消費不足が、発展途上国の輸出志向によって悪化したということである。つまり、本書で主張したいことは、グローバルな経済危機の発生過程において、危機の重要な決定要因となったものは需要不足である、という点である。さらに、本書が着目している点は、自由化という枠組みの下において、労働が流動化したことによる影響である。つまり、多くの国々において、賃金が圧迫された要因は、こうした労働の流動化によるものである、と本書は考えている。実体経済部門における需要がいっそう低下した原因は、賃金と生産性のギャップが多くの国で存在したためであった。その結果として、実体経済部門に対する投資が手控えられるようになり、かわりに高リスク、高リターンの短期資産に投資が振り向けられるようになったが、こうした短期の金融取引の多くは実質資産の形成をともなわないものであった。しかし、先進経済における金融市場が破綻し、金融取引に対する信頼性が失われると、経済は、金融市場に金融取引に対する依存を強めていたために、実体経済部門にも混乱が生じ、実体経済も縮小してしまった。とくに発展途上国側は、危機的な事態が進展すると、その矢面に立つことになり、金融部門ばかりではなく、多数の人々の生活基盤さえもがその影響を受けたのである。

危機を経験したことで、先進国においても、発展途上国においても、政策の転換がなされたが、経済全体を悩ませている根本的な問題はいまだに解決されていない。しかも、こうした政策的な転換は、いまだに投機的な思惑に支配されている。新たな政策によって、コントロールされていなかった金融資産市場に対しては規制が行われ、実物資産の裏付けのある投資よりも収益の大きい金融資産投資に対しても見直しが行われた。しかし、実体経済部門で、賃金が労働生産性の伸びに追いつかないままでは、需要に制約が生じるために消費不足に陥ったままになってしまう。しかし、金融部門のブームによって、実体経済の拡張を達成することは不可能である。このような問題は、先進国でも、発展途上地域でも、共通のものなのである。

今後の政策の見直しについて、本書がいくつか提言を行うとするならば、それは実体経済部門への投資に対する誘因の強化である。つまり、生産と雇用を生み出す実体経済部門のみが、高い成長率を維持することを可能ならしめるものだからである。しかし、利益を重視する民間の資金フローは、金融部門へと振り向けられる傾向が強い。したがって、経済成長を達成するためには、追加的な需要と雇用を創出するために、国家政策的な公共支出を戦略的に拡大させることが必要であろう。また同時に、金融市場における投機を抑制することが必要である。さらに、市場の安定化をはかり、市場において投機的な思惑が生じにくくするための施策が必要である。つまり、拡張的な戦略を採用し、実体経済部門の復活をはたした上で、金融部門における投機と短期的な動きを、州政府レベル、国内レベル、国際レベルにおいて、それぞれ制御する必要がある。こうした提案が、先進国、発展途上国を問わず、金融の優位性に終止符を打ち、人間の幸福に寄与するための一助となることを願っている。

解説

二一世紀に入って加速したグローバリゼーションに歩みを合わせるかのように、インドは急速な経済成長を遂げたが、その経済成長は近代のインドがかつて経験しえなかったようなスピードをもって招来し、なおかつインド社会の根幹を揺るがしかねないほどの大きな影響力をもちえるまでに至っている。

本書は、そうした変化を人生において「体感」し、長きにわたりインド屈指の研究機関であるニューデリーのジャワハルラル・ネルー大学で金融やインド経済、世界経済の研究を行い、数々の優れた研究者を育成してきたスナンダ・セン氏による「経済発展なき経済成長」に対するきわめて率直な問題提起に満ちている。

第一章から第五章にかけては、新自由主義的なグローバリゼーションの中でインド経済が現在進行中、さらに将来直面することになる問題についての深刻な懸念を表わすべく、二〇〇七年にインドのナショナル・ブック・トラストから薄手のペーパーバック形式の入門書として上梓されたものである。氏がもっとも危惧していたものは、効率性という規範のもとで、金融市場を自由化し、金融市場ばかりを重視した経済成長を達成しようとする潮流が推進されることで、実体的な資本的集積や労働機会が犠牲になることであった。

この危惧は、まさに的中し、のちに二〇〇八年のリーマン・ショックに代表されるグローバル金融危機に見舞われると、本書で指摘されている「覇権国家」たちの置かれている立場すらも危うくなってしまった。経済成長の恩恵は広く行きわたるものではなく、すでに苦境にある人たちは、経済が成長するにつれて、さらに苦しくなるであろう、という氏による主張が、日本をはじめとしたいわゆる先進国でも、より身近に、身につまされるような問題となりつつあるのを感じている人も多いだろう。金融部門の大規模なクラッシュ後、「覇権国家」にも「発展途上国家」にも、双方に残されたものは、実体経済部門における雇用不足に帰来する停滞であった。

こうした状況を受けて、二〇一一年に加筆されたものが第六章である。そこで氏は、「それ見たことか」という態度ではなく、これまでの議論を踏まえてさらなる精緻な分析と、今後においてとりうべき現実的な、しかも希望に満ちた展望を示している。右にも示したが、セン氏の幅広い研究の中核をなすのは金融論である。そもそも金融論は、巷間で思われているようなデリバティブに代表されるカネ儲けの道具を開発したり、取り入れようとするような学問ではなく、生産活動を支える「信用」を研究するための学問である。そこに立ち返れば、セン氏の議論や主張は、金融学者としてきわめて健全かつ真っ当なものである。また、氏による主張は、投機の加熱を「アニマル・スピリット」と名付け、投機的な金融の肥大化に対する深刻な懸念を表わしたケインズの真意を汲んだ流れに位置していることがわかる。

二〇〇七年に初版が刊行された時、本書はインド国内外を問わず、大きな歓迎を受けた。「現在の問題に対する批判的な視点が簡明に、かつ、きわめて廉価に提供されている。（中略）このようないびつなグローバル秩序の継続性に対して、きわめて重大な疑義を呈している」（Economic and Political Weekly, Sept-Oct 2008 インドの重要な学術誌）、「グローバリズムは、発展途上国内のさまざまな階層の人々に対してどのような影響をもたらすのか、現実的な示唆を与えている。著者による優れた研鑽のみならず、出版社の努力にも敬意を払いたい」（The Hindu, Dec 16, 2008 インドの大新聞）などの批評が現在の版のカバー裏に掲載されていることをみれば、この書がどのように評価されたかは、自明なことであろう。本書には、「すべての人に行きわたるものでない経済発展なき経済成長」に対する疑義が、説得力のある論拠をもって、簡明に示されている。

インド経済研究の末席に位置する訳者もまた、二一世紀に入ってからのグローバリゼーションがもたらした変化は、これまでと本質的に異なるものであると考えており、そのあまりに強力な力は、カースト制度に代表されるインドの強固な社会的階層すら流動化に向かわせるのではないかと感じている。インドというと、すぐにカースト制に思い当たる人たちも多いであろうし、本書がそのような社会制度に言及していないことに、不満を覚える向きもあるであろう。だが、インドという国はそもそも多様な地域性と文化形態、社会・文化上の差異を包含しており、一国の中に、非常に複雑かつ多様な問題をはらんでいる。こうした問題を考えるためには、きわめて精緻な検討が必要となる上、たいへん困難な学問的・学術的な作業がともなう。本書は、グローバル化の中でインドと世界が直面している問題を容易に、すべての人々が共有することが意図されているため、カースト制などのデリケートな社会的・文化的な側面について多く言及することは避けられている。

しかしながら本書は、インドという多様な巨大国家の歴史的構造の問題点に加えて、グローバリゼーションの中で顕在化する喫緊の問題に対して、人間開発指数や自らの研究グループによるランキング評価などによる「グローバルな基準」を用いて論じることによって、インドの人々のみならず、このグローバル社会の中で生きる世界中のだれもが問題意識を共有できるような論理を構築している。まさに巧みなレトリックである。

インドには、このように、つねに現在眼前で起きている問題に立ち返り、その問題を解決、あるいは改善しようとする意識を高くもち、学問に向かう研究者が多い。奇しくも、インドの貧困問題やインド固有のジェンダー問題などの幅広い実証研究にもとづき、独特の哲学的世界を構築し、普遍化を行うことでノーベル経済学賞を受賞したアマルティア・セン氏も、スナンダ・セン氏と同じくコルカタ大学の出身である。

ジャワハルラル・ネルー大学を退職してもなお、精力的な国際研究活動を続ける氏は、これまでに五度の来日をはたしている。最近では、二〇一一年一一月に、法政大学サステイナビリティ研究教育機構（サス研）の第一回国際シンポジウム「持続可能な未来の探求――グローバリゼーションによる社会経済システム・文化変容とシステム・サステイナビリティ：「3・11」を超えて――」の基調講演者として来日された。来日中、「固有の文化を経験したい」とのことで、食事の際は必ず割り箸を所望されていたが、その際に割り箸を決して切り離さずに、少しだけ間を割って、その間にものを挟んで召し上がり、少女のような笑みを浮かべていらした姿が印象的である。

本書は、法政大学サステイナビリティ研究教育機構（サス研）の翻訳プロジェクト「サス研ブックス」の第二弾として刊行されたものである。

本書の翻訳選定については、リオ・デ・ジャネイロで出会って以来十年間、スナンダ・セン氏と共同研究を推進してきた法政大学経済学部の河村哲二氏（サス研研究企画運営委員長）と、社会学部の船橋晴俊氏（サス研機構長）が中心となり、サス研の翻訳プロジェクトによる決定を得た。河村哲二氏を代表としたグローバル経済の海外調査プロジェクトが、二〇一〇年の八月から九月にかけて行った東南アジア・インド調査に際し、ニューデリーにおいて河村氏とセン氏との再会がはたされ、訳者も同席した。その席上で、著者による翻訳刊行に対する正式な承認を得た。

経済学の専門用語翻訳にあたっては、サス研のリサーチ・アドミニストレータ（サス研DC：ポスト・ドクトラル研究員）である赤石秀之氏に多大なご協力をいただいた。赤石氏による経済用語の修正なしには、本書はとうてい世に出ることはなかった。また、優れたグローバリゼーション研究を行っている河村哲二氏にも、訳を完成させるにあたりきわめて多くの助言を頂いた。

船橋晴俊氏には、訳語チェックのみならず、出版社や翻訳プロジェクトとの調整など、あらゆる面においてさまざまな便宜をはかっていただき、心より感謝している。

新泉社の竹内将彦氏には、編集会議に参加していただいただけでなく、訳稿作成にご協力いただいたことに対して感謝の念が絶えない。なお、吉野馨子氏（サス研准教授／プロジェクト・マネージャー）にはインドと共通の問題を抱えるバングラデシュ研究および南アジアの農村研究という立場から助言をいただき、石井秀樹氏（サス研リサーチ・アドミニストレータ／

PD：ポスト・ドクトラル研究員）には多くの励ましをいただき、翻訳のみならず研究環境を整備していただけたことは、大変ありがたいことであった。

最後に、長年にわたりインドに在住し、二〇一〇年九月のインド調査においても多大な助力をしてくださり、在インド日本人の生活を支援しているニューデリー／グルガオン大和屋の成松幹典氏と、インドの貴重な友人であるニューデリー在住のVirendra Rathore氏およびその家族、チェンナイ在住のT. N. Srinivasan氏およびその家族、日本美術職人として、インド全土に点在する伝統的日本美術の装丁および修復活動を行うことで、訳者のインドへの興味を開いてくれた亡祖父、松本伊和三に対しても感謝したい。

二〇一二年二月九日

加藤眞理子

著者紹介

Sunanda Sen◎スナンダ・セン

一九三五年一〇月二〇日生まれ。一九六三年、カルカッタ大学にて最優秀論文に選出され、博士号を取得。以後、アメリカ、イギリス、ドイツ、フランス、スペイン、オランダなど、世界各国の研究機関のみならず、国連のUNCTADをはじめとした複数の国際機関においても研究活動を行い、一九八一年から二〇〇〇年までインド、ニューデリーにあるジャワハルラル・ネルー大学の教授を務める。インド社会科学院のナショナル・フェローおよびイギリス、ケンブリッジ大学の生涯フェローに選出されている。専門は金融論、グローバル経済論。

■主要著書

『危機にあるグローバル金融――スタグネーションと不安定性の現実化に際して』(*Global Finance at Risk: On Real Stagnation and Instability*, Houndsmills Palgrave-Macmillan, 2003)、『不自由と賃労働――インドの製造産業における労働』(*Unfreedom and Waged Work: Labour in India's Manufacturing Industry*, Sage Publications India Pvt Ltd, 2009)

訳者紹介

加藤眞理子◎かとう・まりこ

東京大学経済学部経済学科卒、東京大学大学院総合文化研究科国際社会科学専攻修士課程、サセックス大学修士課程、ロンドン大学東洋アフリカ研究所博士課程を経て、二〇一〇年、東京大学大学院総合文化研究科国際社会科学専攻において博士号を取得（学術博士）。二〇一〇年四月より二〇一二年三月まで、法政大学サステイナビリティ研究教育機構においてリサーチ・アドミニストレータ（ポスト・ドクトラル研究員）として活動、二〇一二年四月より西南学院大学経済学部専任講師。専門はインド経済、開発経済学。

サス研ブックスの創刊にあたって

二〇〇九年八月、法政大学は「サステイナビリティ研究教育機構」（略称、サス研）を設立しました。サス研の課題は、サステイナビリティ（持続可能性）を備えた人類社会の実現の道を、文理協働の学際的、総合的研究を通して探究することです。

グローバリゼーションの中での世界的な経済システム、社会システムの歴史的な変化を見据えるならば、二一世紀の世界の進むべき道を示す理念として、サステイナビリティを複合的に把握する必要があります。環境との関係に即して、経済システムのあり方に即して、福祉を保障する社会システムのあり方に即して、サステイナビリティを危うくしている全世界的メカニズムや要因連関を解明するとともに、地球レベルでも地域レベルでも、政策と運動によってサステイナビリティを実現する道を探り、それに取り組んでいく必要があります。「サス研ブックス」は、環境、経済、福祉のサステイナビリティの探究を課題とするサス研の研究活動の成果を、さまざまな学問分野を横断する研究書や翻訳書のシリーズとして刊行し、サステイナビリティを備えた世界の実現に貢献することを目指します。

二〇一一年七月一日

法政大学サステイナビリティ研究教育機構　機構長　舩橋晴俊

グローバリゼーションと発展途上国
――インド、経済発展のゆくえ

二〇一二年四月三〇日　第一版第一刷発行

著　者　スナンダ・セン
訳　者　加藤眞理子

発　行　新泉社
東京都文京区本郷二―五―一二
電話　〇三―三八一五―一六六二
ファックス　〇三―三八一五―一四二二

印刷・製本　創栄図書印刷

ISBN978-4-7877-1206-6 C1036

SUSKEN BOOKS

核廃棄物と熟議民主主義　倫理的政策分析の可能性

ジュヌヴィエーヴ・フジ・ジョンソン著／船橋晴俊、西谷内博美監訳
四六判上製三〇四頁／二八〇〇円＋税
原発の稼働とともに増えつづける使用済み核燃料。その処理という現代社会が抱える難問にどうとり組むのか。原発推進国カナダにおける「国民協議」を検証する。

＊　＊　＊

迷走する資本主義　ポスト産業社会についての三つのレッスン

ダニエル・コーエン著／林昌宏訳／四六判上製一六〇頁／一八〇〇円＋税
ヨーロッパの社会思想史の源流にさかのぼり、資本主義システムの病理の背景を平易に解説し、新たな社会モデルを考える。

グローバル化を超える市民社会　社会的個人とヘゲモニー

斉藤日出治著／Ａ５判二七二頁／二三〇〇円＋税
マルクスやグラムシらの古典思想を手がかりに現代社会を読み解き、歴史的選択の方向性を考察する。